常若の思想

伊勢神宮と日本人

河合真如

祥伝社

常若の思想

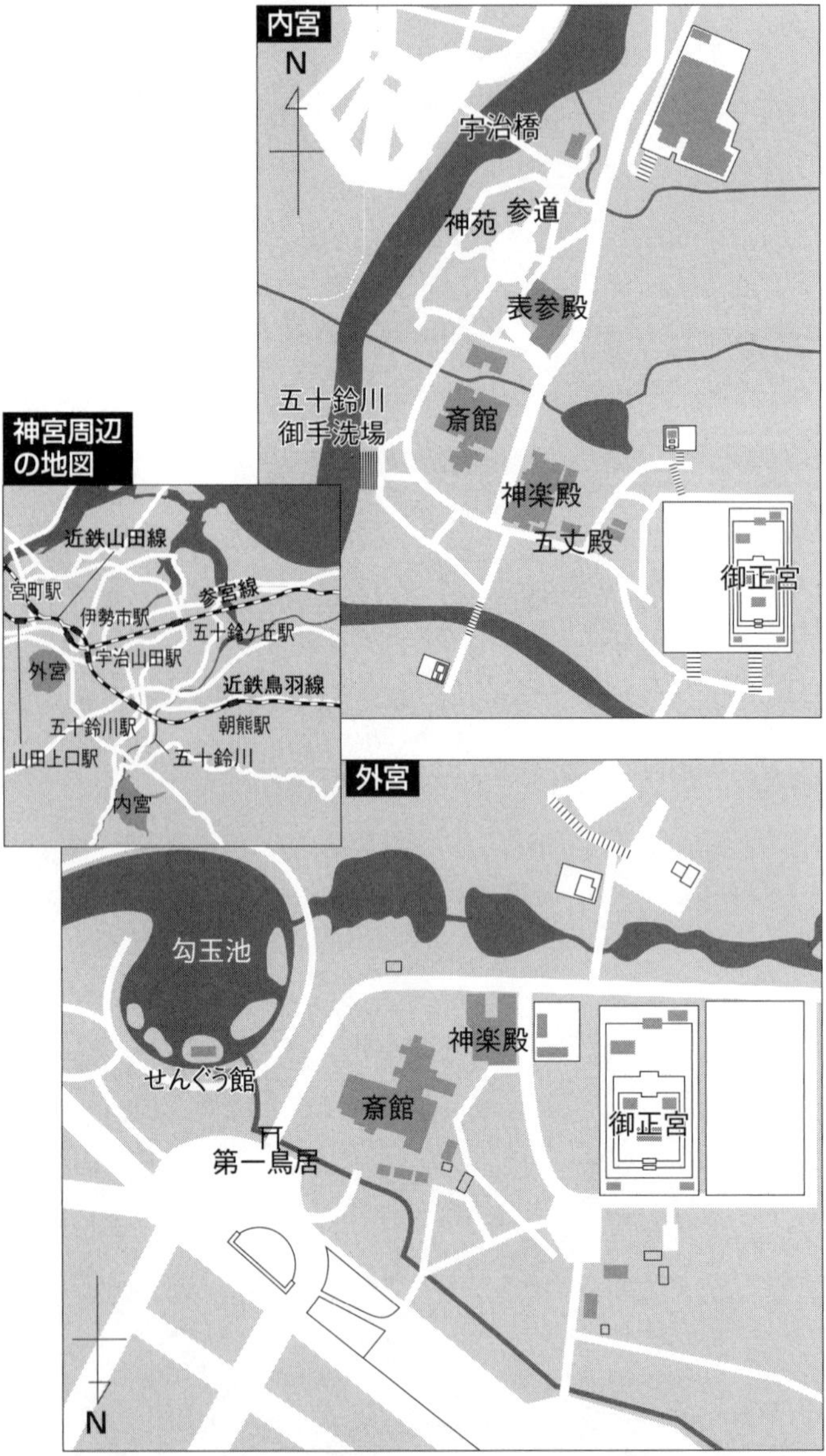

内宮（皇大神宮）と外宮（豊受大神宮）

はじめに

万物流転（パンターレイ）。

歴史は、時の流れを無常に語る。それは聖なる地においても例外ではない。ギリシャのパルテノン神殿は女神を失い、エジプトのピラミッドは謎だけを残す迷宮となった。堅牢な石の造型に代表される世界の精神文化が風化するなかにあって、木と草で常に若々しく造り替えられる神殿をもつ聖地がある。そこでは、神代さながらの祭もつづけられている。

アメリカの建築家アントニオ・レイモンドが、「世界で一番古くて新しいものが存在する」と驚嘆した永遠の聖地——伊勢の神宮である。

鉱物と植物の建造物では、耐久性の差は明白である。しかし、檜の掘立柱と萱葺屋根をもつ神宮は二十年に一度、社殿を建て替え神々にお遷りいただくという式年遷宮によって、古くて新しいという奇跡をみせるのである。

この事実は、永遠を求め堅守するものが滅び、祖型を保ちながら変化を促進することが永遠につながる、というパラドックスとなる。

日本人は「滅びの美学」をもつと論じられることが多いが、祈りをこめて繰り返すという道理も大切にしてきたのである。

これを私は「繰り返しの美学」といい、常に若々しく清らかな世界を願いながら行動する規範の根底となるものを「常若の思想」として語ってきた。

永遠とは願ってかなうものではない。若々しさも表層のみでは意味はない。瑞穂の国では春に種を播き、秋の稔りに感謝する祭を行ない、神と祖先を敬い、子孫の繁栄を祈りつづけてきた。

そこに古と今と未来をつなぐ、衰えることのない常若の力の源流があり、日本人の死生観や労働観をも形成してきたといえるのである。

常若の象徴ともいえる式年遷宮は、持統天皇の四年（六九〇）に始められて以来、千三百年の長きにわたり繰り返し行なわれ、今回で六十二回を数える。

関係する三十余の諸祭は平成十七年から始まり、平成二十五年の十月には新宮へと神々をお遷しする「遷御（せんぎょ）の儀」が行なわれる。

この年にあたり「常若の思想」という視点で式年遷宮や神宮に思いを馳（は）せ、日々若々しい心をもって生活していただければ、望外の喜びである。

なお本書は、書きおろしに加え、これまでに新聞・雑誌・書籍などに寄稿した全文や、断章によって編まれた。そのため表現に重複があることは、お許しいただきたい。

最後に執筆にあたり協力いただいた方々に感謝の心を捧げたい。

平成二十五年八月

河合真如（かわいしんにょ）

『常若の思想』目次

第二章

ブックデザイン　盛川和洋
図版制作　J-ART
写真提供　神宮司庁

第一章
式年遷宮とは何か

❖「面白い」祭

面白きこともなき世に（を）面白く

高杉晋作

明治維新の夜明け前――。奇兵隊を率いて活躍した高杉晋作は、面白い世の到来を願っていた。

「面白い」の「面」とは、顔のことをいう。面にもいろいろとあり、面長の美人もいれば、怖れられる強面の人もいる。

その面が白くなるとは、目の前がぱっと明るくなることを意味する。なにかと暗いニュースが多い昨今、幕末の風雲児のように、輝かしく面白い世界を夢みて行動したいものである。

さて、なにごとにもルーツがある。

神話世界の教えを具現化したものが日本の祭

面白いことの始原を探っていけば、神話伝承にたどりつく。天岩戸（あまのいわと）の物語である。

天上に高天原（たかまのはら）という国があった。天上世界では、天照大神（あまてらすおおみかみ）を中心に平和な暮らしが保たれていた。

高天原に異変が起きたのは、荒ぶる神が出現したことによる。水田の破壊、機織り（はたお）の妨害が行なわれ、神聖な宮殿まで汚されてしまったのである。

高天原は光を失った。天照大神が天岩屋に隠れ、暗黒の闇につつまれたのである。神々は、輝かしい世界と秩序を取りもどすために集結した。

智恵深い、思兼神（おもいかねのかみ）が神々と図（はか）り、夜明けを告げる長鳴鳥（ながなきどり）（ニワトリ）が集められた。

閉ざされた岩戸の前には、榊が立てられ、鏡と勾玉が飾られた。

準備が整い、祭が始まる。祝詞を奏上する神。

楽しい舞を踊る女神。

力の強い神は、岩戸を開けようとした。

すべての思いが一つになり、それぞれの力が結集されたとき、閉ざされていた岩戸が開かれた。ふたたび世界は、光につつまれた。

この後、乱暴をはたらいた素戔嗚尊は、身心を清める禊をすませて地上に降臨。人々を救う英雄神となった。

神話が語る、天岩戸開きによって愁い沈んでいた神々の面が白くなった、と伝えるのは、斎部広成の『古語拾遺』。

そこには、

「上天初めて晴れ、衆俱に相見て、面皆明白かり」

と、神々がともに輝かしい顔を確認し合う様子が記されている。

神話は、神を敬い謙虚な心で衣食住を大切にして生活するならば、平和な世界が維持されていくことを伝える。

また一人でも秩序を守らなければ、世界全体が危機的な状態になることを教えてくれるものでもある。

日本の祭は、こうした神話世界の教えを具現化したものである。

それは、心を一つに目的に向かい、実践することが面白い世をつくる道であると確認する場ともいえる。

面白い世とは、ただ笑える世情のことではない。晴れ晴れと生きるための業（わざ）が大切にされる社会をいうのである。

神道とは、まさに神々に感謝を捧げる祭を行ない、生命に関わる業を尊ぶ道といえよう。その業こそが、神業（かみわざ）である。

神業とは何か

神業とは神々の働きそのものである。人は神業を引き継いで働くという自覚のもとに道を違えることなく生きていけるのである。

神業というと、今ではスポーツ競技などで難度の高い技を決めたときに使われる言葉のようになっているが、本来は神々がなされていたことを誇りを持って続けていくべき行為という意味合いがある。

前述の天岩戸の物語は、神々がなさっていたことが途絶えると衣食住の暮らしが崩壊してしまうということを象徴している。だからこそ、神々と同じことをきちんとやり続けていく、つまりは「神業の継承」が、輝かしい世界を維持することになる——古の日本人はそのように信じた。

伊勢の神宮においても、天照大神につながる神業を継承する祭をつづけている。米作り、絹や麻を織ることに関わる年間の祭は千五百回を数える（巻末資料参照）。

その祭は神輿を担いだり、山車が出たりといったものではない。祈りを込めて、種をまき、田植えをし、稲を刈る、塩を作る、野菜や果物を作る。そういった行為そのものが神業であり、そのための祈りと感謝の心が祭を形成してきたのである。

さらに、お供えをするために水を汲み、調理のたびに木と木を摩擦させて火をおこす、

初穂を神々にお供えする神嘗祭。これに先立ち、神饌や神職を祓い清める

土器を作る。それらひとつひとつが、すべて祭に繋がっている。

いわば、祭とは日々の暮らしの延長であり、このように祈りと実践をひとつひとつ積み上げていくことが成果につながり、それが稔り、それをまた感謝を込めて神々にお供えして、さらなる永遠を願うもの。この繰り返しこそ、面白い世界を約束する祭なのである。

年々の祭の中心となるのは、十月十五日から二十五日にかけて行なわれる神嘗祭である。その年にできた米（初穂）を神々にお供えし、感謝を捧げる祭である。

この神嘗祭の延長上にあるのが、二十年に一度の、「大神嘗祭」とも称される「式年遷宮」であるが、その前に、神宮の歴史について触れてみたい。

❖崇神天皇の決断がもたらした、神宮の創建

「伊勢神宮」というと、一つのお宮のことと思われるかもしれないが、そうではない。皇室の祖先神である天照大神を祀る皇大神宮（内宮）と、食物と産業の守り神である豊受大神を祀る豊受大神宮（外宮）をはじめとして、別宮、摂社、末社、所管社などを含めた一二五社の集合体が伊勢神宮である。

一般的には「伊勢神宮」といわれるが、正式には「神宮」という。

森を含めた宮域の面積は五五〇〇ヘクタール。これは東京都の世田谷区と同じくらいの面積である。東京ドームにたとえると約一二〇〇個分、甲子園球場の一四〇〇倍、国際的にはパリ市街とほぼ同等の面積である。

なお、神宮の主祭神である天照大神の御神体は、岩戸開きの神話で語られる御鏡である。鏡は智恵や正直の表象ともいわれる。これは象徴的な話になるが、お参りすることは、自分の姿を目に見えぬ鏡に映すことでもある。

その鏡に映った姿は、神の目に映った自分自身でもある。自分が神に恥じないか、神に正直に向かうことができるかどうか。参宮の意義は、聖地で神の目を意識して自分を見つめ、気づきにくいものや正すべき点を知るところにあろう。

神宮が「こころのふるさと」と言われる理由は、自身の起源に触れることができるからであるといっても、過言ではあるまい。

大和(やまと)の国の混乱

神宮の歴史を尋ねれば、二千年の昔にさかのぼる。

かつて、天照大神は歴代の天皇によって皇居のなかで祀られていた。

しかし、第十代崇神(すじん)天皇の時代に、疫病(えきびょう)が発生して国民の多くが亡くなり、流民や反

天照大神を祀る、皇大神宮（内宮）

豊受大神宮（外宮）には豊受大神が祀られている

乱者も現われ、国が大きく混乱する。

崇神天皇は、このような異変が起きるのはなぜかとお考えになり、神と人が同じ宮殿（同床共殿）では畏れ多いという神人分離の発想によって、天照大神を大和の三輪山に近い笠縫邑にお遷しになった。

そこでお祀りしたところ、ひとまず国が治まったと伝えられている。

「うまし国」伊勢へ

さらに、第十一代垂仁天皇の時代に、よりよい宮地が求められた。そのため皇女の倭姫命が大和から伊賀・近江・美濃などを巡り、五十鈴川の上流に内宮が創建されたのである。

この倭姫命の諸国巡行の意味については後ほど記すことにして、伊勢に宮地が選定されたのは、天照大神の神託による。

『日本書紀』によれば、倭姫命に天照大神が、

「是の神風の伊勢の国は、常世之浪重浪帰する国なり。傍国可怜国なり。是の国に居らむと欲う」

と伝えられたとある。

垂仁天皇二十六年のことである。

寄せくる波のように、永久不変の美しい風景。山があり、川があり、海があり、野がある。美し国とは、風光明媚な美しい国であり、美味しいものも豊かにとれるすばらしい土地をいう。そのなかで、神宮も岩戸開きにつながる祭をつづけ、悠久の歴史を重ねることになったのである。

神代のままに

告げ亙るかけの八声に久堅の天の戸あけて春は来にけり

吉田松陰

かけ、とは鶏（ニワトリ）のこと。神話では、天岩戸を開くために鳴いたと伝わる。鶏は夜明けを告げるように鳴くところから、闇を払う力をもつと信じられていた。

光を招く鶏を想い、晴れ晴れとした世の到来を松陰は願っていた。その志（こころざし）を受け継いだ一人が高杉晋作。面白い世をつくるために奔走（ほんそう）したのである。

人の行動規範となり、歴史を動かす力ともなった神話は、今も息づく。神代さながらの祭をつづける神宮。伊勢の杜（もり）に放（はな）たれている神鶏（しんけい）も、人に夜明けを告げて鳴く。

天照大神を祀る皇大神宮（内宮）が創建されて以来、二千余年にわたる祭祀（さいし）を支えているのは、みどり豊かな神路山（かみじやま）。

その山を源とする五十鈴川の清流は、神々にお供えされる神田（しんでん）の稲、御園（みその）の野菜や果物を育（はぐく）む。

山のミネラルを含む水は、二見浦（ふたみのうら）の河口で海のミネラルとまじりあう。そこでは滋養あふれる塩がつくられ、お供えや清めのために用いられる。

さらに水は、太陽の光によって蒸発。雲となり雨となって山へと回帰する。こうした自然循環のなかで神宮は、自給自足の伝統を守ってきたのである。

神田(しんでん)で作られた稲が神々にお供えされる

それは、『万葉集』に、

山見れば　高く貴し　川見れば　さやけく清し　水門なす　海も広し

と詠われた、伊勢の風景を永遠のものとする営みでもあった。

神と自然を崇め、祭祀をつづけることで環境と食が保全され、過去と未来がつながるからである。

「食」とは、「人」を「良」くするものと読みとれる。古代の人にとっても食をはじめとする業は、生命と生活に関わる大切なものであった。

日々の祭の充実

伊勢において日々の祭の充実が図られたのは、第二十一代雄略天皇の時代。産業の守護神、豊受大神が高倉山のふもとに祀られたのである。

それ以来、千五百余年。

豊受大神宮（外宮）では、毎日朝夕の二度、神々に御飯・魚・海藻・野菜・果物・塩・水・酒をお供えする、日別朝夕大御饌祭（ひごとあさゆうおおみけさい）がつづけられている。

日々の祈りに供えられる御料を育てるために、四季折々に行なわれる祭事も多い。

春には豊作を祈り、神田に種をまく下種祭（げしゅさい）。

作物の生育を願い、風雨の順調を願う風日祈祭（かざひのみさい）。

稔りの秋には、初穂を抜いて収穫する抜穂祭（ぬいぼさい）。

めぐる季節のなかで、祈りと感謝の日々が繰り返されるのである。

今も伊勢の地では自然の循環が確立されており、環境の保全と食の保全が両立している。日本の歴史をつないできたものも、こうした日々の確かな営みである。

❖式年遷宮とは何か

さて、本書のタイトルにもなっている「常若(とこわか)の思想」を理解してもらうためには、式年(しきねん)遷宮(せんぐう)について説明する必要がある。

これまで神宮の歴史を語ってきたのは、神代ながらの祭が今に伝わっている事実を知ってもらうためである。

いよいよ、式年遷宮について論じていきたい。

神宮最大の祭である、二十年に一度の式年遷宮。

「式年」とは定められた年限のことであり、「遷宮」とは隣接する二つの御敷地(みしきち)に宮を建て替えて神をお遷（うつ）しすることをいう。

同じ敷地が東と西にあり、宮が建っている間に新しい宮を建て、建て替えが終わった段階で、神々をお遷しする。これを遷御（せんぎょ）という。

東から西へ、西から東へ、寸分変わらないものを建て替え、神々をお遷しすることにより、過去が現代に繋（つな）がり、さらに未来に繋がっていく。

二十年に一度のお宮を遷す行為によって、神宮には古い形をした新しいお宮が常に存在する。一般的に古いものを残すには、保存という方式が取られるが、こういう伝承方法もあるというモデルともいえよう。

親から子へ、そして孫へと生命が受け継がれるように、祖形を伝えることが可能であるという点において、神宮の式年遷宮はすばらしいシステムであり、私はこれを〝非合理的合理性〟と言っている。

新造されるのは、宮や社だけではない。神に捧げる御装束神宝（おんしょうぞくしんぽう）（七一四種・一五七六点）も、当代の名匠の手によって新調される。

日々、年々、式年。繰り返される祭によって古（いにしえ）の精神と姿が若々しく保たれていく。

神宮が古くて新しい、常若の象徴といわれる所以である。

神祭とは、生かされていることに感謝することでもある。その心と業を先人が伝えてきたように、子孫へ渡すことが今を生きる者のつとめである。

命と業の永遠の連鎖を願い、第六十二回神宮式年遷宮が行なわれるのは、平成二十五年の秋。その日時は、天皇が定められる慣わしである。

古色を帯びた古殿から、目映い新殿へと神々をお遷しする祭では、鶏鳴三声という所作が行なわれる。神職が鶏の声を真似て三度、唱えるのである。ここにも神話は、生きている。

❖式年遷宮の始まり

式年遷宮が始まったのは、今から千三百年前のことである。神宮の古伝によると、天武天皇の御宿願（御発案）により、第一回の式年遷宮は、持統天皇四年（六九〇）に内宮で行なわれた。

しかし、このように制度化される以前から、遷宮はたびたび行なわれていたと思われる。神宮は今も檜材に萱屋根という作りであり、年月を経るとどうしても朽ちてしまう。二千年前に創建された神宮が、式年遷宮の制度が定まるまでの七百年もの間、何も手を加えられなかったとは考えられない。何らかの形で遷宮は行なわれていたはずである。その意味では、二十年という「式年」と宮を遷す「遷宮」とは分けて考えるべきである。

さて、ではなぜ持統天皇四年から、式年遷宮が始まったのか。

これについては記録も残っていないし、定説があるわけでもない。したがって推測ということになるのだが、当時の時代背景から考えてみたい。

当時は、仏教伝来から百年ぐらいの時期である（ちなみに、日本にいつ仏教が伝わったかについては、五五二年と五三八年の二説が有力とされている）。中国大陸では唐王朝の時代となり、わが国にも大陸の最新文化が次々と導入されていた。

わかりやすくいえば、明治の「文明開化」の頃と似たような状況である。日本古来の文化が外来文化に侵食され、ひょっとしたら消滅してしまうのではないかという危機感があったのではないか、と思われる。

そうしたなかで、日本古来のものをしっかり残しておこうという気運が高まり、遷宮を制度として保証することになったのであろう。

❖遷宮は「大神嘗祭（かんなめさい）」である

ここで改めて、倭姫命（やまとひめのみこと）の聖地選定の旅について考えてみたい。

この旅は、宮中の理想を実現する旅でもあった。

宮中は、その時代を代表する文化や技術を擁（よう）していたと考えられるが、それらを多くの人に伝え、広めることによって、より国を美しく、豊かなものにしようという発想があったと思われる。

稲作を広める旅

具体的には、稲作や機織りの技術である。

特に稲は「命の根（イノチノネ）」と言われるように、人々の暮らしを安定させる作物だった。また、稲作は自分一代の暮らしを保証するだけでなく、その積み重ねによって親から子へ、子から孫へと命を継承していくことを可能にする営みでもあった。

倭姫命の旅は長年にわたっているが、これは各地で稲作の技術を指導し、伝授していったからではないかと私は考えている。

米は一年に一度しか生産できないし、もともとは南方系の作物である。北のほうに定着できるように少しずつ慣らし、ゆっくり広めていったのではないだろうか。

このように考えるとき、その年にできた米（初穂）を神々にお供えする神嘗祭（かんなめさい）が、毎年の祭のなかでも重儀（じゅうぎ）とされるのは、極めて当然である。

神嘗祭には、宮中から御初穂も奉献される。それは、国と民の平安を祈りつづけておら

神嘗祭では、天皇陛下が宮中の御田(みた)で作られた御初穂も懸けられる

れる大皇陛下が、皇祖・天照大神の神業のままに育てられたものである。

祭に先立っては例年、祭器具類が新調される。そこには、神と初穂によせる究極の感謝の心が込められている。

純白の新米。真新しい神具。まさに正月を想わせる稔り（みの）の秋を伊勢の人々は、神嘗正月と称え（たた）てきた。神嘗祭は、大祭の名で親しまれ、全国各地からの奉祝行事も催される。

平安時代末の西行（さいぎょう）は、神嘗祭の日に、

「何ごとのおはしますかは知らねども　かたじけなさに涙こぼるる」

と詠（よ）んでいる。お祭の様子そのものはわからないけれど、尊さに涙がこぼれるほどありがたいというもの。

張り詰めた空気のなかで、作法にのっとっての祭。神域に佇（たたず）めば、大変な清浄感に包まれる。そこには、西行が涙したような感動があり、その歌の心は広く共有されてきた。

式年遷宮は神嘗祭の延長上に位置づけられる

新米を供えるために祭器を新調する毎年の神嘗祭では、新しくならないものがある。正殿である。

そこで、正殿を新しくする、二十年に一度の大祭は、いわば「大神嘗祭」といえる性格をもつ。それが式年遷宮である。

ここまでをまとめると、日常の衣食住に対する感謝のお祭の連続の上に神嘗祭があり、その神嘗祭を二十年間繰り返していく上に、大神嘗祭として位置づけられる式年遷宮が執り行なわれていることになる。

ここで改めて強調しておきたいのは、こうしたお祭はすべて、「神業の継承」である、ということである。

宮中では天皇陛下が米作りをなさって、神宮の神嘗祭に御初穂を献じられ、宮中の新嘗祭では御自ら新穀をお供えになる。神宮においても、米を作りまず神嘗祭にお供えをして、天照大神をはじめとする神々の恵みに、深く感謝すると共に永遠の継承を祈りつづけている。

前述のとおり、伊勢は極めて理想的な土地であるが、どんなに場所がよくても、神々の存在を意識していなければ、神聖さが失われていき、おかしな開発が行なわれてしまった可能性もある。神々をお祀りしているという意識が働くからこそ、二千年の長きにわたって、守られるべきものが守られ、無理なく、無駄なく、すべてのものが伝わってきたのである。

神話と神業が今も生きている場所。それが伊勢の神宮である。

第二章

「世界で一番古くて新しいもの」が存在する常若の思想

❖「古くて新しい」というパラドックス

滅びの美学という言葉がある。文化人や西洋の親日学者といわれる人たちのなかには、潔く散る桜花にロマンを想う日本人をみて、滅びを愛する民族であると断言するむきもある。

「ギリシャ人は、永遠に存続するものと信じて神殿を大理石で建造した。一方日本人は、伊勢神宮を建立するにしても、二十年以上はもたないと知りつつ、いずれは腐ってしまう材料で造った」

とは、日本人の無常観を説く、ドナルド・キーンの言葉である。

石と木。どちらに耐久性があるかは、問うまでもない。しかし、パルテノン神殿は廃墟となり、神宮は二十年に一度、神殿を新造して神々を遷すという式年遷宮によって、古い形体を保ちながら常に若々しい姿を見せるのである。

「古くて新しい」というパラドックスを解く鍵は、常若の思想にある。

式年遷宮は、神々を美しく瑞々しい神殿でお祀りしたいという古代の人々の発想から生まれたもの。そこには神と共に生き、命の永遠の連鎖を願う、究極の祈りと感謝が込められている。それは、まさに永遠を象徴する祭である。

二十年に一度繰り返すことで、古と今と未来が永遠に繋がる式年遷宮。そこには常に若々しく美しく生き、その精神を子孫へ伝えたいと願う人々の想いも重なる。これを私は「常若の思想」と表現している。

常若とは、衰えることなく瑞々しいエネルギーがあふれている状態をいう。常若古の精神と技術を守り伝えながら、永遠に連鎖させていくシステムをもつ神宮は、常若の聖地。永遠を確立する文明のモデルといっても過言ではない。そこに滅びの美などが介在する余地はない。

繰り返しの美学
——伊勢神宮のパラドックス——

文明の前に森林があり、文明の跡に砂漠が遺る

シャトーブリアン

はてしない時の流れ——。生まれ、そして滅びゆくもの。あらゆるものは、時空のなかで姿を変えていく定めをもつ。

移りゆく季節。美しい花も散る。人が不変なるものを求めたのは、儚さを感じる心の反動なのであろうか。

世界で一番古くて新しい場所

堅固な石の壁に囲まれた都城。壮麗な神殿。死後の復活のための王墓。

しかし、未来永劫の望みが叶えられることはなかった。

人智を尽くして天界に迫った巨塔、権威を示すための巨像もまた、崩れ去るしかなかった。

砂漠に埋れた文明の多くは、石や木を森林から伐り出して興起した歴史をもつ。豊かな自然が生命と生活を支えていたのである。

文明の終焉は、森の恩恵を忘れたときであった。環境を破壊して生命を維持することはできない。森を犠牲にした文明の悲劇である。

時に流され、失われたものは数知れない。そうしたなかで伊勢の深い森には、一つの奇跡が存在する。

アメリカの建築家、アントニオ・レイモンドが、「世界で一番古くて新しい」と称えた、伊勢の神宮である。

世界には、残そうと思っても残らなかったもののほうが多い。パルテノン神殿も、ピラミッドもそうである。

世の中には、古いものもたくさんあるし、新しいものもたくさんある。

しかし、「古くて新しいもの」はなかなか見当たらない。まして、「古くて新しいもの」が永遠に存在する可能性をもつ神宮のような類例は、皆無と言っていいだろう。

なぜ「二十年に一度」なのか

神宮がいつの時代にあっても常に若々しいのは、二十年に一度という式年制度を守り、宮を遷してきたからである。

では、式年はなぜ二十年なのか。

これまでの諸説をまとめれば、次のようになる。

●尊厳保持説
檜の素木造りで屋根も萱であるため、常に清々しい姿を保つ耐久限度。

●世代技術伝承説
宮大工などの伝統技術を継承するために最適な区切り。

●原点回帰説
旧暦で二十年（十九年七カ月）に一度、「朔旦冬至」といって、十一月一日と冬至が重なることから、原点回帰の思想が込められているとする。

●時代生命更新説
社会的・人生的視点から二十年をひと区切りとして、新しい転換期がおとずれるという観点から、生命の更新や連続を祈る。

このように、千三百年の伝統をもちながら定説はない。

ニューヨークタイムズにも、「二十年の式年を人々が、それぞれの考え方で理解してきた結果、一体どれが正論なのかわからない」（ディビッド・サンガー記者　平成五年十月七日）と紹介されている。

そうしたなかで新説としてマスコミに取りあげられたのは、櫻井勝之進皇學館大学理事長と小堀邦夫神宮宮掌（現禰宜）の二説である。

●聖数説＝櫻井説

古代、日本の聖数は二・四・八であったが、中でも二はものを生み出す始めの数である。しかし、二年では準備ができかねる。そこで二十年となったのではないだろうか。

（読売新聞　平成五年九月二十五日）

●稲の貯蔵年限説（倉庫令説）＝小堀説

古代、多くの神社で行なわれてきた二十年に一度の遷宮は、神税（不足すれば正税）に支えられていた。税とは稲穀類を貯蔵蓄積したもので、造営・祭儀はもとより奉仕の人々にも資された。その穀物の貯蔵年限を定めた倉庫令中に、「糒は廿（二十）年を支えよ」とある。国家経済を支える糒（乾飯）の最長貯蔵年限こそ式年の根拠に他ならない。

小堀説（「式年二十年の理義」神道青年全国協議会刊『神宮式年遷宮の研究』）については、富山和子女史が、なぜ式年二十年かという「長い間のその思いに答えて下さった」（『日本の米』中央公論社）、上田正昭京都大学名誉教授が「実に優れた着眼です」（毎日新聞「遷宮企画特集」平成五年九月三十日）と紹介するなど注目を集めた。

前章で述べた通り、神々に初穂を捧げる毎年の神嘗祭に対し、二十年に一度の遷宮を大神嘗祭という。米作りにより生活文化を築いてきた瑞穂の国では、その象徴である大祭を支えるのもまた二十年にわたって保存のきく米（糒）の力であったとする論は、遷宮斎行の意味と式年二十年の謎を解く学説といえよう。

神は死なない

反面で、遷宮に神の死をイメージする観念論も学者・文化人によって広く紹介されている。

●神の死と復活　梅原猛（哲学者）

生命の死・復活の神事なのである。（中日新聞「生命の死と復活示す祭り」平成四年八月三日）

●神の死と誕生　岡野弘彦（歌人）

まさしく神は旧御殿で死に、新御殿で誕生したのであろう。（読売新聞「伊勢神宮式年遷宮に立ち合って」平成五年十月十四日）

神宮式年遷宮にむけ、マスコミ各社の紹介記事が増えている。神宮や神道を理解していただくためには必要であり、ありがたいことではあると思う。

しかし、逆に問題となるような記事も発表されている。『諸君!』(平成十九年十月号)には、山折哲雄(やまおりてつお)氏(前国際日本文化研究センター所長)の前回(平成五年)の感想が載せられた。

「陽が落ちてから、神の遷座がはじまった」

「かがり火のすべてを消す。一瞬にして、闇が式場の全面を覆う。そのとき私は、ごく自然な気持で『古き神死せり』という声を胸の内にきいていた。荒涼たる姿をみせる古き神殿とともに、古き神もまた死の運命を免れることはできない、そう直観したのである」

「古き神が死んで新しい神が誕生する儀式」

「それが伊勢の地における二十年式年遷宮の究極の意味」

「神の死と再生の儀式、といってもいい」

「神は二十年ごとの神殺しの試練をへて、ふたたび力ある復活をとげ、生新な息吹きのなかで蘇生することができるのである」

こうした神の死と再生を遷宮の意義とする論は少なくない。しかし、古殿の汚損を見て神の死といい、瑞々しい新殿を拝して神の再生というのは、あまりに視覚的な印象論である。

祖先たちは、神々に感謝の心を込めて新殿を造りつづけてきた。「神殺し」などという気持ちは、微塵(みじん)もなかったはずである。

❖常若の祈り

なつかしき里山

だれにでもある、ふるさと。それぞれの心にうかぶものは、なつかしい山河や海であろうか。

そこには、花が咲いていた。大木があった。

生命の美しさ、たくましさを学んだのは、学校や塾ではない。自然は子供たちの心を育(はぐく)む教室であった。

虫や魚を捕える遊びのなかで、命の儚(はかな)さ、尊さも知った。まさに自然に抱かれて成長したのである。情操を養う山河は、暮らしの基盤でもあった。

山の水が川へ海へ――。そしてまた雨となり山へと還(かえ)る。永遠の循環。四季折々の暮らしのなかで人々は、生命連鎖の法則を学んだ。

親から子、そして孫へと継承される精神を尊ぶ気風。それも自然に里山が培(つちか)ったものである。

海川山野の恵みは、幸(さち)と呼ばれた。幸には霊(さち)が内在すると信じられていた。森羅万象(しんらばんしょう)に宿る力は、神霊として崇(あが)められた。それが神に祈り、感謝する祭を形成したのである。

幸の調べ

●御製

人々の幸願ひつつ国の内　めぐりきたりて十五年経(へ)つ

●皇后陛下御歌

幸(さき)くませ真幸(まさき)くませと人びとの　声渡りゆく御幸(みゆき)の町に

●東宮御歌

すこやかに育つ幼なを抱きつつ　幸おほかれとわが祈るなり

●東宮妃御歌

寝入る前かたらひすごすひと時の　吾子の笑顔は幸せに満つ

●文仁親王御歌

白神のぶなの林にわが聞きし　山幸護る智恵の豊けさ

●文仁親王妃御歌

藻場まもる国崎(くざき)の海女(あま)ら晴ればれと　得し海幸をわれに示せり

●清子内親王御歌

またひとり見上げて笑(ゑ)まふつゆの間の　ひとときの幸(さち)大き虹いづ

国と民の幸を祈る日々を重ねられる、天皇陛下。その御心を敬慕する人々の歓喜の声。幼な子のすこやかな成長によせて、明るい未来を願う親心。海川山野の幸を与えてくれる自然への感謝。虹などの天功(てんこう)を瑞兆(ずいちょう)として愛(め)でる感性――。

平成十六年の歌会始の御題は「幸」。和歌を通じて皇室と国民をむすぶ宮中行事で披露された美しく豊かな調べは、日本の精神と風景そのものである。

海幸(うみさち)と山幸(やまさち)

御食(みけ)つ国　神風の　伊勢の国は　国見ればしも　山見れば　高く貴し　河見れば　さやけく清(きよ)し　水門(みなと)なす　海も広(ひろ)し　見渡(みわた)しの　嶋(しま)も名高(なだか)し

万葉人が謳いあげた、神の国・伊勢の風景である。

麗しい山河。広大な海原。藻場をまもる海女の島。

大自然は、米・水・塩をはじめ豊かな幸をもたらす。生命を守り育んでくれる山や海を人々は、神聖なところとして称えたのである。そこは、まさに心のふるさとであり、命のふるさとなのである。

「山の幸」「海の幸」を求め、その恵みを喜ぶ心と共に、神々に祈る祭も始まった。祈り、実践し、収穫に感謝する行為は、暮らしの原点であり、神に捧げる言葉から詩歌も誕生した。日本文化の源流を訪ねるならば、幸を願い尊ぶ精神にたどりつくといっても過言ではない。

幸は矢・獲・霊力とも書き記される。幸を得るための道具にも神霊が宿ると信じられていたのである。

『日本書紀』『古事記』に登場する「海幸」「山幸」の兄弟も、魚のよく釣れる針「幸鉤」と、獲物を捕ることのできる「幸矢」に象徴される霊力をもっていた。

神話によれば、兄の海幸は釣（つり）、弟の山幸は狩（かり）の名手であった。

ある日のこと。

兄弟は鉤と弓矢を交換。なれない狩と釣をしてみたが、糧（かて）を得ることはできなかった。

しかも、山幸は、鯛（たい）に鉤を取られてしまった。

兄の怒りは、すさまじい。山幸は自分の剣から多くの鉤をつくったが、どうしても許してもらえない。

途方にくれた山幸は、海辺で塩土老翁（しおつちのおじ）という潮流を司（つかさど）る神に出会い、知恵を授けられる。

山幸は、竹の籠（かご）に乗り、海神（わたつみのかみ）の国に向かう。そこで山幸は、海神の助けを借りて鉤と、潮の干満を自由にできる玉を手に入れることができた。

陸へ帰った山幸は、海神の教えに従い、兄に鉤を返すときに、「貧鉤（まじち）」とつぶやいた。

そして、兄が高地に田を作れば山幸は低地に作った。また、兄が下田を耕（たがや）せば、高田を耕して稔りを得た。

やがて、貧乏になった兄は、山幸を攻撃する。

このとき、山幸は大水を出して兄を懲らしめ、改心させたのである――。

言葉の幸

海幸と山幸の神話は、人と道具の相性や、人の和の大切さを教える。福に恵まれるためには、共生する心が必要だと説くのである。怒りや妬みは、暗黒の世界につながり、幸無（不幸）を招くからである。

さらに神話は、言葉の持つ霊力をも語る。言葉の持つ霊力、すなわち言霊である。人を祝福する言葉は、豊かな幸に直結するが、その逆は幸を消滅させるのである。

美しい言葉が愛されるのも、そのためである。神々に祈りを捧げるための祝詞や、愛を伝えるための詩文芸も言葉の持つ神秘の力を信じ、より美しく豊かな表現を求めたことによって洗練されてきたのである。

イカと床屋の不思議な関係

今から十五年前、月刊『歴史街道』(平成十年六月号・PHP研究所)に言霊について寄稿したことがある。若者たちむけに、面白くわかりやすくという依頼であった。

そのため、軽い文体であり、時代背景も異なる部分も多いが、言葉の力と役割の理解につながると思われるので全文を掲載する。

イカは、怪しい。形が「厳めしい」から「イカ」という説もあるが、ヌルヌル・クネクネした姿は、なんとも怪しい。仲間のタコは干物にしても「干蛸」だが、イカは「鯣」と名前まで変えてしまう。

もともと「烏賊」という、中国語で「ウーツエイ」という文字からしていかがわしい。これはイカが死んだふりをして、ついばもうとする烏を巻き取って食べるという説からきたもの。カラスにとっての賊という意味である。

いかにも厳つい名前であるが、その身は白く美しい。生でも干物にしても美味しいイカは、古くから神前のお供えものにされたり、祝いの席で食されてきた。奈良時代の木簡にも「烏賊」の文字を見ることができる。

タンパク質と眼の網膜を発達させるタウリンを含む保存食であるスルメは、江戸時代の図説百科といえる『和漢三才図会』（正徳三年刊）に、少しあぶって裂いて食べると紹介されている。

スルメは墨群、鋭群が語源であるという説がある。個人的には、弓なりに反る身が転じたもの、墨を出すところから（墨を）スル奴（やつ）、あるいは広布（昆布）のように細く裂いてダシに使われていたことからスル布とも考える。「摺る」には、細かくするという意味もあるからである。

このごろ酒場では、マヨネーズと仲よく皿に盛られているが、嚙みごたえのあるスルメは、今も細かく裂いて食される。このスルメのことをなんと呼ぶかと聞けば、これまた怪しいフランス語調で、

「アシ・ジュポーン（足一〇本）」

などと、のたまう飲兵衛氏から、
「そんなことは、アラリメー（当りめ）」
といわれるのがオチ。そこで質問。
当屋（アタリヤ）
当箱（アタリバコ）
当棒（アタリボウ）
というのをご存じだろうか。
当屋とは、わざと車にぶつかって金品を要求する悪い人のこと——ではなく、床屋さんのこと。当箱とは、書道で使う硯箱。当棒は、擂鉢とセットの擂粉木のことである。
これらは、商家で言い換えられてきた詞。スルメなどの「スル」が、物が削れていくようで縁起が悪く、身代（財産）を磨る（磨り減る）という言葉に重なることをさけるためのもので、「忌詞」といわれる。ものごとを慎みをもって表現する言葉である。
床屋を当屋というのも、江戸で顔を「剃る」ことを「当たる」といったため。いくら「宵越しの銭は持たぬ」江戸っ子でも、スルよりアタルほうがゲンがいいからである。

果物の梨が「無し」に通じるから「有実」。箸が「端」では都合が悪いから「お手元」。三三歳が「散々」。四二歳が「死に」に通じるところから厄落しをするなど、日本人は言葉の響きに深い意味を感じてきた。

そこで、お目出たい言葉が好まれ、祝いの膳にも昆布や豆が乗せられてきた。よろこぶ、まめ（忠実・丈夫）に暮らせるということからである。スルメが縁起ものとされたのも、「下足（ゲソともいうが本当は腕）」が一〇本もあるところから、商家にたくさんの「お足（お銭）」が入ることに通じるため。

甲子園で活躍する高校球児も、勝つために大きなカツ（カツレツ）を食べてゲンをかつぐ。ちなみにゲンとは、縁起の「縁」と「起」をひっくり返してかつぎ直した起縁からできた言葉である。

だから、ことさら結婚式などでは、「切る」「別れる」といった言葉を口にしないように気を遣う。言葉には「言霊」といって、「魂」が宿り、その言葉通りになると信じられてきたからである。

「上代の人々は、言葉には人を動かす不思議な霊が宿つてゐる事を信じてゐたが——これを過去の迷信として笑ひ去る事は出来ない」といったのは、レトリックの天才、小林秀雄である。

万葉集のなかにも、

志貴島の倭の国は事霊の佐くる国ぞま福くありこそ
柿本人麻呂

神代より　言伝て来らく　虚みつ　倭の国は皇神の　厳しき国　言霊の幸はふ国と語り継ぎ言ひ継がけり
山上憶良

とあるように、言と事は同意であった。言葉が人を動かし、成就した事柄は言葉で称えられた。言も事も、すべて福と幸を招くためのものであった。

これは瑞穂（みずみずしい稲穂）の国といわれる日本が、稲作を中心とする言行一致の祭のなかで培ってきた美風である。「皇神」と憶良が歌う、天照皇大神のコトヨサシ

（事依・言依＝依託）により、地上にもたらされたというロマンあふれる伝承をもつ稲は、正に命の根（イノチノネ）であった。

稲田は食糧のみならず山や川の保全につながり、田植えや刈入れを通して人々に共同体としての意識をもたらした。それは、農作業にとどまらず、忙しい両親に代わり名付親など地域の人たちが、玉を磨くように子供たちの魂にふれ、育てあげることにまで及んだ。

神や祖霊の宿る自然のなかで力を合わせ、春に豊作を祈り、秋に感謝の誠を捧げるという永遠を約束する暮らしから、世の平安や子孫の繁栄を祈る「祝詞」も生まれた。祝詞は美しい文学であり、生活の規範でもあった。

稲は祈り念じながらの耕作によって稔る。そのサイクルこそ、稔（歳・年）である。木には木霊が宿るように、稲には稲の霊魂が存在すると信じた祖先は、やがて年には歳神が宿るとして新年を言祝いだ。今では現金になったが、お年玉とは歳神にお供えした餅などから、活力ある御魂をいただくことであった。

祝いの言葉の発生は、不吉な言葉へのタブーをも生んだ。「たまげる」とは「魂消」。気を失うほどのショックは霊魂が人（霊処）から離れるためだと考えられたからで、とくに死（事切れる）にかかわる言葉に注意がはらわれた。

血を「赤汗」、病を「休み」、死を「直る」という忌詞は、神に奉仕する者の心得でもあった。今でも病院には、死をイメージさせる四号室がない。語呂合わせ、縁起かつぎと思われる言葉にも、霊魂の信仰が息づいている。

厄年に神社でお祓いを受ける風習も、悪しき言事を福に転化するためにほかならない。

縁起のいいアタリメになるのに、イカをカラスの賊とする伝承が受けいれられてきたのは、カラス・トビ・キジ・スズメなどが神話のなかで、神の使いとされていたからであろう。鳥は使者の霊を天にはこび、また祖霊として地上にもどす化身ともみられていた。天岩戸の前で鳴いたという神話から、ニワトリも神使であり、神鶏といわれる。この鳥の居る神聖な場所として、神社の鳥居が発生したとも考えられる。鳥居は一種の門であり、神前で祈る姿は神意をうかがう「問」という文字で表される。

全身全霊で神音を聞くための大切な祭は、清らかな「闇」のなかで静かに行なわれるものであった。正月の門松も飾りではなく、神の宿る場所であり、大晦日の夜、お供えをする風習があった。

神前での祈りと同様、誓いの言葉は高言すべきものではなかった。「神掛けて（神に誓って）」「武士に二言なし」という言葉も、「口は口、心は心」という巧言をいましめるためのもの。

真心あふれる言葉が交わされるとき、人は喜びや安らぎを感じることができる。ニコニコと赤ちゃんが母親の語りかけに反応することも、心をつなぐ言葉の力であろう。

万葉人が言霊の力を称えつつ、「ことあげ（言挙・事挙）せぬ国」と歌った日本では、声高に主張することなく自分の言動に責任をもつことを美徳とした。心をこめた贈物に、「粗末なものですが」と慎ましい言葉を添えることも、古くからの美風の一つである。

しかるに昨今の大人社会の言葉は、いかばかりか。「不退転の決意」「善処（処置）する」「前向きに検討」——。すべて「何もしない」という意味にしか使われていない。この体裁ばかりの言葉に対して、若者の言動は過激である。

「はめはめ（セックス）」「援交（援助交際）」「路チュー（路上キス）」——。これでたまげてはならない。「死んでる」「切れる」「MM（まじむかつく）」「超MMC（超まじむかつくので殺す)」――。かつて秘されてきた言葉が、あっけらかんと飛びかい、口にした通りになるという言霊の力を畏(おそ)れ、あえて忌み慎んできた言葉が、むきだしの殺意となって氾濫(はんらん)する。

言葉は時代によって変化する。しかし、言葉が時代を映す鏡であり、文化そのものであることに変わりはない。切れる感情のままに頻発(ひんぱつ)する少年の殺傷事件。暴走せざるをえない彼らの魂を生んだのは間違いなく現代である。

古い時代が、すべてよいというわけではない。けれども人の情や痛みを自然(おのず)と理解させ、心を開放することのできた環境と和が保たれていた暮らしに学ぶところは多い。失われていく自然のなかで鳥は、いつまで鳴いてくれるのだろう。レイチェル・カーソンが憂(うれ)えた「沈黙の春」は、明日のことかもしれない。本気で未来を語る人もすくなくなったような気がする。インスタント食品も便利で口当たりはよいが、体にはどうであろう。

この怪しい時代こそ、味があり噛みごたえのあるスルメ、いやアタリメのように身のある言挙が必要とされる。人のために本気で怒り、あえて直言する人が、本当は一番やさしく、慎みの言葉を知っているからである。

(「今でも生きている日本語の言霊講座」)

幸を祈る日々

日本人にとって言葉で表現したことは、全身全霊をもって行なうべきものであった。祈願とは幸の訪れを待つためのものではなく、実行によって迎え入れるという力強い意思表示に他ならない。

山上憶良（やまのうえのおくら）が「皇神（すめがみ）の厳（いつく）しき国」と称えたように、皇祖神（こうそしん）・天照大神（あまてらすおおみかみ）に言寄（ことよ）された日本は、言葉の霊威（れいい）によって栄える国である。

「言寄す」とは、言葉の加護という意味で「事寄す」とも記される。さらには「託す」という意味をもつ。神話には、皇神の言寄さしについての記述がある。

天照大神は、高天原において農耕・養蚕（ようさん）を始められた神であり、天上の清らかな稲（斎庭（ゆにわ）の稲穂）を地上において作るように、天孫・瓊々杵尊（ににぎのみこと）に託された。このとき、稲作とともに我が国の永遠の幸いが約束されたのである。

皇神の教えのままに、歴代天皇は農を国の大本とされた。国と民の幸を祈る日々を連綿と重ねられたのである。

今も天皇陛下は宮中の御田で稲を作られ、皇后陛下も大神がなされたと神話が伝える養蚕をつづけておられる。

美し国といわれる伊勢は、山海の幸に恵まれており、天照大神を祀るにふさわしい聖地である。神宮においても稲作・機織りなどの神業を継承。天皇陛下の御心のままに、世の平安を祈りつづけてきた。

芸術と幸

神を祀り祈ることは、その教えを守ることであり、民族の美風を受け継ぐことである。幸を願い求める神事は、やがて芸能や芸術へと発展した。

相撲や歌舞伎のルーツは、豊作を占う行事や田遊びである。

絵馬を神に奉納する風習も、馬が農耕や荷の運搬に不可欠な力をもっていたことと無縁ではない。絵馬にさまざまな願望が記されるようになったのは、馬力といわれるほどの強い力をもつ馬の霊力にあやかろうとしたからであろうと思われる。

たくましい動物や想像上の霊獣が描かれてきたのも、その霊力を福徳にむすびつけるためである。かつては、「とら」「りゅう」という名前が一般的に付けられていた。それも愛する子の幸を祈る親心ゆえのことである。

初宮や結婚といった人生儀礼を神前において行なうことも、神霊の加護を得るためである。晴着や婚礼道具には、美しい花、豊かな果実、常緑を保つ松や竹などの文様が使われる。「常若」という言葉は、平安時代の天正狂言本（一五八六）の「松楪」にもみられるが、常に人々は花も実もある人生や、永遠の若々しさを願ってきたのである。

「めでたき事をとささやけば、つひにめでたく成りにけり」とは、『多聞院日記』の一節であるが、日本人は「豆」に「まめ（忠実・実）に暮らす」、「鯛」に「めでたい」の意味も含ませた。それらを盛る器にも工夫が凝らされた。より美しく、幸を言祝ぐために、料理も工芸も進展したのである。

不老不死の霊山といわれる蓬萊山や米俵・宝舟の画を身辺に飾ってきたことも、「目出度事」を望む心のあらわれである。作家も才の限りをつくして美を創造した。芸術もまた神につながる、霊力の産物といえるのである。

新しき年のはじめの初春の　今日降る雪のいや重け吉事

大伴家持が詠んだように、日本人は降る雪にも瑞兆を感じとる。雪が田畑をうるおす水となるからである。その感動が日本の美学を形成したのである。すべては、自然と人の霊力のたまものである。

第三章

諸祭行事に込められた意味

式年遷宮には どのような祭事があるのか

神宮式年遷宮は、隣接する御敷地に新宮を造り、神々をお遷しする祭である。その中心となるのは、まさに神々をお遷しする「遷御（せんぎょ）」であるが、遷宮の諸祭行事は巻末資料の通り、約三十。

八年にわたる祭は、御造営に関する「造営祭（ぞうえいさい）」と遷御に関わる「遷宮祭」に大別される。なお、造営祭は御用材を伐（き）り出し加工する「山作り」、加工した御用材で造営工事を行なう「庭作り」に二分される。

最初に行なわれるのは、「山口祭（やまぐちさい）」。内宮と外宮の山の口で、御用材を伐り出すための祭である。

御用材を伐り出すための厳粛な祭・山口祭

「大山の神、左よき横山に一本寝るぞー、いよいよ寝るぞー」。最後の一斧を前に杣人(きこり)の声が響く(御杣始祭)

つづいて長野県と岐阜県に跨がる木曾の国有林で「御杣始祭」が行なわれ、御神体を納める御樋代を調製するための御樋代木が伐り出された。御神木ともいわれる御樋代木は、各地で歓迎を受けながら神宮まで搬送された。

順次伐り出された御用材は、「木造始祭」を経て加工される。この頃、旧神領民を中心とする伊勢市民と全国からの崇敬者が参加して、両宮に御用材を曳き入れる「御木曳行事」も盛大に行なわれた。

「鎮地祭」は、一般的に地鎮祭といわれるもの。新宮を建てる御敷地で最初に行なわれる祭。これにより庭作りが開始されることになる。

外宮に隣接する山田工作場で加工された御用材は、新御敷地へ運ばれ御柱を立てる「立柱祭」、御棟木を揚げる「上棟祭」などを経て組み立てられ、萱葺や金物が取り付けられる。

殿舎の御造営は「御戸祭」で終了。「杵築祭」「後鎮祭」の後、新宮が竣工する。ここまでが造営祭といわれる祭である。

新宮の完成直前には、御敷地に御白石を敷き詰める「御白石持行事」が行なわれる。一

造営庁技師が手斧を打つ、木造始祭（こづくりはじめさい）

新宮を建てる御敷地で最初に行なわれる鎮地祭（ちんちさい）

般の人々が正殿の間近まで入れる唯一の機会でもある。

新宮が完成すると遷宮祭となる。遷御前日には、新調した御装束神宝を照合する「御装束神宝読合」のうえ、遷宮に奉仕する祭主以下の神職と共に、祓い清める「川原大祓」が行なわれる。

遷御当日（今回は平成二十五年十月二日に内宮、五日に外宮）には、御装束で新宮を装束する「御飾」を行ない、天皇陛下に御治定（お定め）いただいた午後八時を期して「遷御」が行なわれる。同刻、天皇陛下には神宮を遙拝される（庭上下御）と漏れ承る。

明朝、大御饌をお供えする「大御饌」につづき、天皇陛下からの幣帛を奉り、勅使が御祭文を奏上し世の平安を祈念する「奉幣」が行なわれる。

夕刻からは、宮内庁楽師が秘曲を含む「御神楽」を奏し、両宮における祭典・行事は終了する。

新宮の御柱を立てる立柱祭（りっちゅうさい）。小工（こだくみ）が檜（ひのき）の柱を木槌で三度打ち固めた

❖上松（あげまつ）から伊勢まで

——御樋代木奉搬の記録——

諸祭をごく簡単に説明したが、それでもこれだけの紙幅になってしまった。そのどれが欠けても式年遷宮が成立しない、大事な行事であることは言うまでもない。

そのなかで、御杣始祭から御樋代木奉曳式に至る数日間、長野県の上松（あげまつ）から伊勢まで遷宮御用材を奉搬する行事が行なわれた。私も供奉（ぐぶ）を命じられた一人である。

当時の記録を神宮の広報誌『瑞垣（みずがき）』に掲載したので、それを再掲したい。

御敷地に白石を奉献する御白石持行事（おしらいしもちぎょうじ）

御杣山と御樋代木

緑うるわしい山は、生命の源。山の水は飲料となり、農工業用水ともなる。山を形成する木々は建材として使われ、人々の暮らしを支えてきた。

生命と生活を守る山に、瑞穂の国の民は「杣」の文字をあてた。この「山に木を植え、木を採る」という意味をもつ国字を誕生させたのは、自然と共に生きることを願う共生の思想にほかならない。

神宮でも二十年に一度、新宮を造り大神をお遷しする式年遷宮の御用材を採るための山を「御杣」「御杣山」と称し、伐り出しの無事を祈る祭を「御杣始祭」という。

第六十二回式年遷宮のための御杣始祭が行なわれたのは、平成十七年六月三日午前十時。長野県上松町の木曽谷国有林で、長野と岐阜にまたがる御杣山での作業の安全が祈られたのである。

御杣始祭につづき、参列者（二五四名）、奉拝者（四〇〇名）、取材陣（五三社・一七〇名）の前で、木曽谷の二本の檜に斧が入れられたのは、午前十一時四十八分。内宮・外宮の遷宮用材のなかでも神聖視される、御樋代木を伐り出すためである。

御樋代木とは、両宮を始め、その相殿と別宮の御神体を納める器である御樋代の材となる木のことで、御神木ともいわれ尊ばれてきた。

内宮御神木（樹齢二七九年・樹高二七m・胸高直径六四cm）が伐採されたのは午後〇時五十分。外宮御神木（樹齢三五〇年・樹高二五m・胸高直径七〇cm）は午後一時に伐採された。

御神木は六・六mに切断され、両端が十六角に整えられた。かって杣から谷に下ろし、川へ流すために先を丸く削り、材の損傷を防いだ名残りである。今回、祭場から林道まではケーブルで搬出。トラックに積まれた御神木が、小田野まで下されたのは、午後五時であった。

小田野では、御神木を清らかな薦と筵で包み、十六面の木口に和紙を張る、「化粧掛け」が行なわれた。なお、木口は十六弁の菊花を連想させるが、これは先端を四角・八角・十六角と刻みながら丸めていく作業によって生じる形であり、意図的な装飾ではない。

しかし、その形状を杣に生きる人々は、皇家の菊花紋として語り伝えてきた。「皇家第一の重事」といわれる神宮式年遷宮に用いられる御樋代木が、特に神聖視される所以(ゆえん)でもある。

小田野〜上松駅（六月四日）

翌朝、二台の奉曳車(ほうえいしや)に積まれた御神木の前では、獅子舞の奉納が行なわれ、大勢の人の輪ができた。午前十時十五分から、横地克重神宮司庁総務部次長、田口具敬伊勢神宮木曽奉賛会長が挨拶。御杣始祭と奉曳への協力に対し、感謝の言葉が述べられた。

太鼓を先頭に花車と内宮・外宮御神木が出発したのは、午前十時五十分。それぞれの奉曳車には二本の綱（五〇ｍ）が結ばれ、約二〇〇〇名が交代で小田野から上松駅までの道中（三・七㎞）を奉曳した。

日の本一の　このヒノキ

伊勢の社へ納めます
香りも高き木曽ヒノキ
大樹の幹を伊勢様へ

晴れやかな木遣（きやり）と共に進む御神木に雨があたり出したのは、午後三時頃。しかし、上松駅前に到着し、奉安祭（ほうあんさい）が行なわれた午後五時には、美しい日が射していた。

奉曳車から駅前奉安所に安置された御神木の前での祭典は、長野県神道青年会の白鳥俊明会長を始め、青年神職の代表によって麗わしく奉仕された。その後、獅子舞などが奉納され、徳島県の「みやび連」による阿波踊りで最高潮に達した。

奉祝行事（六月五日）

午前十時の祝砲を合図に、奉納舞台では「太々神楽（だいだいかぐら）」「浦安（うらやす）の舞」などが披露（ひろう）された。

駅前を中心に各販売所には、日本酒「御神木」、記念Tシャツ、御神木祭「絵馬」、木曽と伊勢の名物である〝信州そば〟〝伊勢うどん〟を組み合わせた「永～いおつきあいセット」などが並び、二十年に一度の奉祝行事に華をそえていた。

上松駅前～針綱神社（六月六日）

奉安所の御神木を奉搬用のトラックに積む作業は午前七時に開始された。上松陸送株式会社が用意したトラックは新車。ナンバーは62―17。第六十二回式年遷宮と平成十七年を意味する数字である。

御神木二本と内宮分予備木一本を乗せたトラックの運転席には、両宮の御神札が祀られ、荷台には榊や幟が立てられた。飾り付けを終えた奉搬車の前では、午前八時二十分から奉送式が行なわれた。

神事につづき、奉賛会長と堀川宗晴神宮禰宜が挨拶。御神木と木曽の人々の真心を伊勢に届けるという言葉に、大きな拍手が起きた。午前九時二十分、小旗を振る人々に送られて駅前を出発。その後は、

立町会場（一五〇名）、午前九時四十八分着、同五十八分発。

大桑村須原本陣会場（一〇〇名）、午前十時八分着、同十三分発。

大桑村野尻会場（五〇〇名）、午前十時二十三分着、十一時五分発。

南木曽町天白会場（五〇〇名）、午前十一時二十五分着、午後〇時五十分発。

道の駅（一五〇名）、午後一時着、同十五分発。

と各会場でお祓いや、奉祝を受けながら木曽川沿いを順調に進行。途中、遷宮記録映画を制作する、クリエイティブ・ネクサスの撮影車も車列に加わった。


賤母の道の駅では長野県警の白バイと、岐阜県警のパトカーが先導を交代。白バイ隊員に、車中から感謝の言葉を捧げる。

午後三時二十八分、善師野パーキングエリア着。長野県側から御神木を引き継ぐ愛知県側関係者によって、奉搬車に国旗の装飾がなされた。同四十分、岐阜県警と交代した愛知県警のパトカーを先頭に、浄衣姿の神職を乗せたオープンカーを露払として出発。犬山市の針綱神社前に到着、奉搬車に綱が結ばれ奉曳（六五〇名）が開始されたのは、午後四時二十分。上空には、取材のヘリコプター「あさづる」が飛んでいた。

白の法被にピンクの帯で奉曳する人の先頭には、石田芳弘犬山市長。御神木の前と後を豪華な「住吉臺」「應合子」という車山が進む。その運行指示は、ビアンキ・アンソニー市議が行ない、午後五時十五分に神社着。同三十分に、奉安祭が営まれた。小串和夫愛知県神社庁長、市長の歓迎の挨拶につづき、御神木の前では賑々しく奉祝行事が行なわれた。

針綱神社〜真清田神社（六月七日）

午前七時からの奉送祭の後、針綱神社を八時に出発。つづいて、

江南市　草井渡跡（一〇〇〇名）、午前八時二十三分着、午前九時三分発。

江南市　古知野神社（一〇〇〇名）、午前九時十八分着、午前十時発。

一宮市　北方青塚社（四〇〇名）、午前十時三十分着、午前十一時五分発。

木曽川町　玉ノ井賀茂神社（三〇〇名）、午前十一時二十五分着、午後〇時六分発。

一宮市　貴船神明社（三〇〇名）、午後〇時十三分着、午後一時四十五分発。

一宮市　西奥野若宮神社（四〇〇名）、午後一時五十分着、午後二時三十分発。
尾西市　堤治神社（六〇〇名）、午後二時三十五分着、午後三時十三分発。
尾西市　金刀比羅神社（三〇〇名）、午後三時十八分着、同五十分発。

と由緒深い名所において祭を重ね、一宮市の真清田神社御旅所に着いたのは、午後四時十七分。奉迎祭につづき、神社までの奉曳が始まったのは、午後五時。揃いの法被姿で綱を引く人（八〇〇〇名）の先頭には、木遣を唄う上松町の「上若連」が立ち、最後尾には花笠も美しい「伊勢踊り」の一団（一五〇名）がつづいた。

道中（一・五㎞）の奉曳を終え、奉安祭が行なわれたのは、午後八時。海部俊樹元総理も参列した祭典が終了したのは、午後八時五十分のことであった。その後も御神木を奉拝する人の姿は、夜通し途絶えることがなかった。

真清田神社〜桑名綜社（六月八日）

翌朝、榊と神垂が取り替えられた奉搬車を前にして午前八時から奉送祭が行なわれた。

境内に参集する人々（三〇〇名）の万歳の声に送られての出発は、午前九時であった。この日の奉迎送のための行程は、

祖父江町　ＪＡ愛知西祖父江支店（三〇〇名）、午前九時四十七分着、午前十時二十二分発。つづいて、長岡支店（三〇〇名）に同三十五分着。長岡保育園児の歓迎に運転手の顔もやわらぐ。出発は、午前十一時十三分。

八開水防センター（三〇〇名）、午前十一時二十分着。ここでは、白百合保育園児の歓迎を受け、午後〇時十分に津島市に向かう。

津島神社（三〇〇〇名）、午後〇時四十五分着。奉迎祭の後、万歳の声に送られ、午後三時に佐屋町へ向け出発。

佐屋町須依（二〇〇名）、午後三時二十二分着。大正琴による「君が代」の演奏に迎えられる。祭典の後、星大明社参道に遷宮記念として植えられた紅梅・白梅に堀川禰宜・小串神社庁長が水を与えるセレモニーが行なわれ、午後四時二十八分に出発。

と順調に愛知県警の誘導によって進み、尾張大橋に到着したのは、午後四時五十分。そこで三重県警との交代が行なわれ、同五十七分に出発した。この時隊員たちは、祭場や沿

道で奉迎送をする人々の姿に感動を深め、御神木の姿が見えなくなるまで敬礼をしていたと聞く。揖斐川を越え、伊勢大橋の河川敷に到着したのは、午後五時五分。ここで岐阜県付知町の木曽国有林からの御神木を奉搬する、北恵那交通株式会社のトラックを待つことになった。御神木は長野の木曽谷だけでなく、六月五日に御用材伐採式を行なった岐阜県付知町でも伐採され、多くの人の歓迎を受けながら運ばれてきた。

付知からの奉搬車と合流。小串愛知県神社庁長と宇都宮精秀岐阜県神社庁長から、片岡昭雄三重県神社庁長への「引き継ぎ式」が行なわれたのは、午後五時三十分。三人の握手につづき、歓迎の挨拶をされた水谷元桑名市長も加わっての鏡割。その清酒で乾盃が行なわれた広場には、静岡県神社庁関係者も参列されていた。

午後五時五十分、「日本一やかましい祭り」として有名な石取祭の花車を先頭に奉曳が開始された。鉦と太鼓もにぎやかな祭車二十三台も練り出し、町は奉祝ムード一色。七里の渡し跡に立つ鳥居の前から桑名綜社までの道（七〇〇m）を有志（五〇〇名）によって曳かれた上松からの奉搬車が神社に到着したのは午後六時三十七分。付知からの奉搬車は、午後六時五十分に神社境内へ曳き入れられた。

奉安祭は、午後七時五十五分に開始。御神木の前では、国指定重要無形民俗文化財「伊勢大神楽」の奉納の後、関係各位による挨拶がつづいた。伝統の継承と奉搬の無事を祈る言葉に、心を重ねて人々が打つ拍手は大きく美しく胸に響いた。

桑名綜社〜伊勢（六月九日）

三万人の賑わいをみせた一夜が明け、静けさがもどった翌朝六時三十分、クレーンによって御神木の積み替えが行なわれた。上松から奉搬車には内宮分、付知側の車には外宮分の御樋代木が集められたのである。

午前七時五十五分、奉送祭開始。参列者（四〇〇名）に送られての出発は、午前八時二十五分。外宮御神木の奉搬車が後につづく。

四日市松原公園（三〇〇〇名）に午前九時着。聖武（しょうむ）天皇社の前にある公園では、市指定重要無形文化財の石取祭の祭車五台が鉦と太鼓で歓迎。奉送祭が終了した午前九時四十五分、内宮への奉搬車は外宮への奉搬車と別れて出発することになった。

すずか橋、午前十時十五分通過。松阪橋は午前十一時三十分に、櫛田(くしだ)川は同四十四分に越えた。三重県警の先導によって、奉搬車は順調に伊勢路を進んでいたが、この頃から不安が広がり始めた。小雨が降り出したのである。

午後〇時五分、度会(わたらい)橋付近から御神木に副従する神職の乗るワゴン車が奉搬車の前を走る。いよいよ終着地であるが、雨は強まる一方である。これまで晴天に恵まれてきただけに、供奉(ぐぶ)してきた人たちの顔もくもる。

参宮者が身を清めてきた禊(みそぎ)の川でもある宮(みや)川の水面に天候の回復を念じ、伊勢市駅前から内宮を創建された倭姫命(やまとひめのみこと)に因(ちな)む倭(やまと)町・古市(ふるいち)・猿田彦(さるたひこ)神社前・おはらい町と小旗を振る人々の間を進むうちに雨が止んだ。

おはらい町になびく「祝御樋代木」の幟の林をぬけるように奉搬車が宇治(うじ)橋前に到着したのは、午後〇時五十五分。空は晴れわたり、鳥居付近に立つ神職や緋袴(ひばかま)の舞女たちの姿を照らしていた。

宇治橋前の苑地(えんち)では、奉迎者（二〇〇〇名）が見守るなか、片岡三重県神社庁長を始め、第六十二回神宮式年遷宮用材奉曳本部の関係者が挨拶、伊勢音頭が披露された。この後、御神木は五十鈴川の下流で木橇（きぞり）に積み替えられ、内宮神域へと奉曳されたのである。

今回、御神木奉搬の供奉を命じられたのは、禰宜堀川宗晴・権禰宜河合真如・宮掌松岡弘典・技師山本祥也・技手豊田晃生の五名である。

それぞれが役務を果たした安堵感につつまれながら想うことは、御神木に寄せる人々の深い畏敬の念である。熱い祈りを捧げる老若男女、奉安所で夜通し警備をされる方々——一つ一つ明記することはできないが、多くの関係者の赤誠（せきせい）（まごころ）あふれる姿は、今も目から消えることはない。様々な情景をうかべつつ感謝の言葉を重ねたい。

御樋代木奉曳式。五十鈴川から神域へと向かう御神木（平成17年6月9日）

陸に上がった御神木は、五丈殿前へ

❖宇治橋渡始式(うじばしわたりはじめしき)

宇治橋を新しく架け替え、渡り始めを行なう「宇治橋渡始式(うじばしわたりはじめしき)」について、見てみたい。

「橋はわれわれの意志の領域が空間へと拡張されてゆく姿」（ゲオルグ・ジンメル）という言葉もあるように、橋は、端(はし)と端をつなぐものであり、川や谷を超えることのできる橋は、まさに道なき空間をつなぐ力をもつ。

永遠の懸け橋

神宮の宇治橋は、神路山と五十鈴川の創造する、天然の名画のなかに架かる和橋である（本書のカバー写真も宇治橋である）。

中沢新一が橋に「森羅万象が生成変化し、輪郭のいたるところから空無に溶け入ってしまうような『はし』の感性」を見るように、宇治橋も自然のなかに調和して人工を感じさせることがない。

鈴の音のように清む五十鈴川を渡る人々を神の世界へと誘う宇治橋の全長は、一〇一・八メートル、幅八・四二メートル。渡り板は、約六〇〇枚。

欄干には、一六基の擬宝珠が据えられている。橋に向かって左側、元和五年（一六一九）の銘をもつ二番目の擬宝珠には、

御裳濯川
御橋
天照皇太神宮
元和五己未年
三月

と刻まれている。

一行目に刻まれている御裳濯川（みもすそ）とは、五十鈴川の別名である。およそ二千年の昔、内宮を創建された垂仁（すいにん）天皇の皇女・倭姫命（やまとひめのみこと）が装束（しょうぞく）の御裳（みも）を濯（すす）がれた日のことを懐（ゆか）しく語り伝えるのである。

大神に奉仕された皇女が禊（みそぎ）を行ない、神饌（しんせん）としてお供えされる鮑（あわび）や栄螺（さざえ）を濯ぎ清める場でもあった五十鈴川は、歌枕として文芸にも関わってきた。

世の平安を祈りつづけてこられた天皇の御製に流れる五十鈴川もまた、清冽（せいれつ）にして永遠の調べを奏（かな）でる。

人々を神の世界へと誘う宇治橋は、全長101・8メートル

●後鳥羽天皇

萬代のすゑもはるかに見ゆるかな　みもすそ川の春のあけぼの

●櫻町天皇

五十鈴川すめるながれを傳へきて　波たたぬ世の春のうれしさ

●孝明天皇

千代ならず神の恵のいつまでも　絶えずながるる五十鈴川なみ

●明治天皇

昔よりながれたえせぬ五十鈴川　なほ萬代もすまむとぞ思ふ

江戸時代の川柳には、「人間のせんたくをする五十鈴川」とある。時代は変わっても、五十鈴川の流れは不変。今も人々は、御手洗で心身を清めて神前へと歩を進める。

永遠の水面を超えてゆく人々を渡しつづける宇治橋。それは神と人との永遠の懸け橋でもある。

橋の役割は、終着を意味した端を永遠の道に変えることであった。これは谷を埋め、大河を平原と化すような橋の空間支配・延長機能をいうだけではない。

人を渡さない神橋。亡き人の供養のために渡された橋。愛を「はし」とも読んだ万葉人が、

小墾田の坂田の橋の壊れなば　桁より行かむな恋ひそ吾妹

と詠んだ橋などは、神や愛する人と時空を超えてつながる道であり、仲執持であった。

神話が伝える天上の浮橋、空と水平線の境を往来した天磐船も、天や海と地をむすぶ神秘の橋であったといえよう。

花や月を楽しむ風流の橋にも、自然と人をむすぶフォームがある。フォームとは、単な

る姿ではない。アリストテレスのいう、存在の原理や意味である。
熱い祈りの心を御前へと誘う宇治橋も、「ただならぬ世界」への懸け橋である。世間で喧伝されている「聖と俗との境界」という表現には抵抗を覚えるが、神聖な世界への入口としてのフォームを否定することはできない。

かつて葛飾北斎は、自由の天地への憧れを一条の雲に託すように、「くものかけはし」を描いた。その理想橋さながら、宇治橋を渡り大神に詣でるときに人は、美しく豊かな森のなかで神秘にふれ、希望や活力を得ることができるのである。

日本の橋を詩情豊かに謳いあげた文人・保田與重郎は、「自ら自然な道はつねにゆきかえりのためにあった」と論じたが、宇治橋もまた常に往き還りの道をもつ。

その道は、時の回帰（レヴォルティオ・テンポリス）の証し。なつかしい道であり、輝やく未来へとつづく大道でもある。

大神の宮へ向かう人も戻る人も、共に神にちかづくために橋を渡る。橋の出口も神の御心にかなう人の道を歩むための入口なのである。

保田與重郎はまた、流れの上を超えるという行為に「深遠な哲学」を見て、

「たゞ超えるということを、それのみを極めて思い出多くしようとした。築造よりも外観よりも、日本人は渡り初めの式を意義ふかく若干世俗的になった楽しみながら、象徴的に楽しもうとさえした」

と指摘する。

橋に深い意味を想う日本人が、その「渡り初めの式」に特別な感慨をもったとしても不思議ではない。柳田国男も、「新たに架けた橋の渡り初めに、美しい女を盛装させて、その夫がこれにつき添い橋姫の社に参詣することが伊勢の宇治橋などにあった」という。

橋姫とは、橋の鎮守神である。瀬織津比咩命を祀る京都の宇治大橋の橋姫神社が名高いが、伊勢の宇治橋前にも饗土橋姫神社が鎮まる。

饗土とは、疫神や霊がはいり込まないように、路上において道饗の祭を行なうことである。道は常に神と共にあった。

日本の道

かつて道には、神々が祀られていた。神体は石であり、岩であった。木や柱も神の宿る道標として尊ばれた。

旅人は、道中の安全を願って進んだ。里人は、悪しきものの侵入を防ぐために饗応の祭を行なった。

小さな石や祠であっても信じる人々は、大きな安心と力をもらった。進むも留まるも道の神と一体であった。

道は、人を誘うものでもあった。気高い山へ、清らかな河へ、そして広大な海へと。光景は歩みにつれて移り変わった。

一歩、また一歩。人は心を踊らせながら進んだ。感動は、詩情となった。言葉があふれ、詩歌が生まれた。

詩歌は、文芸という山脈となり、大河をも形成した。いつしか道は、大きな学海にもつながっていった。

学びの道は心を磨く場であり、歩みは真理の光を求める方途でもある。すなわち道は、導と同意。導くもの、導かれるものが邂逅（かいこう）する世界。道をそれることは、人生を踏み外すことに他ならない。

人は神の道を意識することで「人の道」を拓（ひら）いてきたのである。その道を守ることは、拓きつづけることでもある。祖先たちの想いを受け継ぎ、未来への道を断絶させてはならない。

拓（ひら）かれる道

道の機能と精神をもつ橋は、人々にとって特別な存在であった。大切で聖なる橋を守るために神に祈りを捧げたのも当然のことである。

宇治橋を守護する饗土橋姫神社の饗土は、人が往来する場の安全を願って食物を供えて祈ることを意味するが、姫にも正月の姫始（ひめはじめ）（米始・比女始）で姫飯（ひめいい）（編糅（ひめ）＝米飯）を食する風習などから、饗に通じるものを感じる。

また、田井信之が「ヒ（硬口蓋音）の発音運動をやや強化すると容易にシ（歯茎音）に移る」と指摘するように、比米（比女）を「しめ」ともいうところから、特別な境界を示す標（注連・鎮）の意味もひそむのではなかろうか。川に障神（さえのかみ）を祀る例もある。橋に標をつけておき、童を渡して吉凶をいう橋占にも、境の神への信仰をみることができる。

さらには、邪気を払う白馬の節会。神と海を渡り、美姫と天にのぼった馬の伝説。京の巫女が降神の折に唱えた、「東より今ぞ寄ります長濱の葦毛の駒に手綱ゆりかけ」という詞。駒返し、駒形などの名をもつ橋。埴馬（土師駒）が川跡から出土する事例など、神と人との懸け橋である飛馬や神馬をもイメージさせるとは、飛躍が過ぎようか。

ともあれ、宇治橋の渡り初め（神宮では渡始という）に先立ち、饗土橋姫神社を新造、その神前で橋の安全を祈願した万度麻を御裳濯川御橋という銘のある擬宝珠（97ページ参照）のなかに納めることは、今日よく知られるところである。一説に水佐々良比賣命（ささらとは、五十鈴川の美しい瀬音を象徴するのであろう）を祀

祥伝社　9月ノンフィクション最新刊

「おかしい」と言えない日本という社会へ

ツイッターのフォロワー数15万人

これが天下の正論だ!

原発、生活保護、在日外国人、愛国心、メディア、親日と反日……発言せよ、議論せよ、日本人!

電子書籍版　同時発売!

日本への感謝を込めて、初の単行本

フィフィ

●四六判／定価1470円

978-4-396-61467-6

揉(も)まない　押さない　引っ張らない

肩こりは10秒で治る

マッサージも筋トレも逆効果——肩に触らず、筋肉ゆるゆる!

『人生が変わる1分間の深イイ話』出演!

話題の「さとう式」が本になった

佐藤青児

●四六判／定価1260円

978-4-396-61468-3

るという、橋姫神社の創起については定かではないが、室町時代の内宮禰宜（ねぎ）・荒木田氏経（あらきだうじつね）の『氏経卿神事記』に橋姫御前社の記述があるところから、室町期には存在していたことになる。

なお、最近の研究によれば、「御姫御前社」の初見となる室町中期の文明（ぶんめい）九年に創祀された可能性が高いという（音羽悟『瑞垣』二一一号「饗土橋姫神社について」）。

渡始において、その形態はともかく、橋姫の社に参詣することも古くからの常道であったことに間違いはない。

しかし、中沢新一が「橋のたもとには、美しい女性が立って、この世にあるものを、きざはしのむこうにつれ去ってしまう」と語るように、「橋姫伝説」には謎めくものがある。

人の通行を妨げる鬼女、嫉妬（しっと）の象徴として橋姫をみる伝承も各地にある。

これは能楽「橋姫」の影響や、橋傾城（はしけいせい）・愛姫（はしひめ）ともいわれた遊女と、橋の守り神が混同したためであろう。こうした例は、遊女・山姥（やまんば）・山姫（やまひめ）にもある。嫁入には橋姫の嫉忌（しつい）をさけて舟で川を渡る風習まであったと聞く。

だが、忌（いみ）という慎（つつ）しみの心を表現する言葉が、いつしか嫌忌（けんい）となり不吉な意味に変わったように、橋姫の妬みも本来の意味から転じたものである。

柳田国男は「ねたみ」を、「凡庸人の近づき侮るを許さぬ意味」であったとし、橋姫を「橋の袂に、祀っていた美しい女神」と断言する。

鬼気迫る橋姫の伝説は、清流と橋への不浄を忌む心理のパラドックスと読みとるべきであろう。橋姫が人を連れ去るという観念も、橋にただならぬ世界への入口や、未来に向けて拓かれる道をみた人々の感性の産物とみたい。

宇治橋が遷宮前に新しくなる理由

橋姫への信仰は、流失する橋の安全を願うためでもあった。宇治橋も大水による被害などによって造り替えられてきた歴史をもつ。

二十年に一度の式年遷宮にあわせて宇治橋が造替されるようになったのは、明治二十二年の第五十六回神宮式年遷宮のときからである。

ところが、昭和二十四年に行なわれるはずであった、第五十九回神宮式年遷宮は敗戦の影響で延期となった。国民の窮状（きゅうじょう）に想いを馳（は）せられた、昭和天皇の聖断によるものである。

そうした御心に多くの人が応えるように、せめて宇治橋だけでも架け替えたいという気運がおこり、同年十一月三日に渡始式が行なわれた。そして、それが文字通り橋渡しとなって、四年後の昭和二十八年に戦後最初の式年遷宮が実施された。

また、このとき、多くの芸術家の方々が「作品を売って資金にしてほしい」と自分の絵を献納してくださるということがあった。

最終的には、それらの絵は一枚も売らずに済んだ。現在、これらの絵は、神宮徴古館に「式年遷宮奉賛美術品」として、まさに美しい真心の結晶として展示されている。

ここに、もう一つの美談が伝わる。時代の秘話を教えるのは、東京・日枝（ひえ）神社の宮西惟道宮司である。

時の伊勢神宮奉賛会理事長宮川宗徳氏、神宮少宮司秋岡保治氏などが八方手をつくして崇敬者を訪ねたが、戦後の生活の不安定、インフレ、新円切替などによる窮乏は痛ましい。世間の反響は乏しかった。

その頃、樺太で有力な土木建設業から一転、敗戦により無一文で引き揚げ、札幌で再起をはかる無類の敬神家、丸勝佐佐木土木（株）佐々木勝造氏は、かねて御遷宮が敗戦で延期されたことに対し、神様に申し訳ないと憂慮していたが、昭和二十三年七月、秋岡少宮司一行の札幌勧募の際、宇治橋の実情を知り即座に手元の大金を奉献した。この一大快挙によって神宮喫緊の宇治橋工事が実現されることとなる。造橋費の半額にも達するこの篤志は、続く遷宮勧募に対しても絶大に寄与した（『瑞垣』二一四号）。

こうした赤誠（まごころ）によって遷宮の早期遂行への道が開かれ、四年後の昭和二十八年に第五十九回神宮式年遷宮を行なうことができたのである。以来、宇治橋は、遷宮の四年前に架け替えられてきた。

宇治橋の伝統的技法「摺り合わせ」

平成二十五年の第六十二回神宮式年遷宮にむけ、諸祭行事が進められるなか、「宇治橋修造起工式」が行なわれたのは、平成二十年七月二十六日。饗土橋姫神社での神事につづき、宇治橋横で橋杭を打ち固めて工事の安全が祈られた。

工事は、宇治橋下流に長さ六三メートル、幅六・五メートルの仮の橋を架けることから始められた。その完成をまち、「仮橋修祓」が行なわれたのは、平成二十年十二月二十七日のこと。修祓とは、お祓いを意味する。

宇治橋の解体は、平成二十一年二月二日の「宇治橋万度麻奉下式」の後に始められた。万度麻とは、幾重にも橋と渡る人の安全と平安を願い、祈りをこめたもので、万度大麻ともいわれる。この橋の御守的性格をもつ万度麻を納められていた擬宝珠のなかから、お下げすることを奉下というのである。

和風の木橋である宇治橋の工事には、伝統的な技法が用いられる。その一つが「摺り合わせ」である。

参拝者を渡す橋板の数は、六一六枚。一枚の長さは、四・二メートル。幅は、三六センチ。厚さは、一五センチ。この板を桁に乗せるのであるが、雨水が継目に入ると木が傷み、腐ってしまう。

そのため和船を造る、船大工の技術が用いられる。造船の心得にも、摺り合わせに念を入れ、とあるように、板の合わせ目を「摺鋸」で挽き「ギザギザ」にするのである。摺り合わされた板は、さらに金槌で「トントン」と叩かれ、隙間なく張られる。こうして雨が降っても木の膨張作用で水漏れを防ぐ。

二十年ごとに新造される宇治橋は、そのたびに一億人余の参拝者を渡しつづける。一五センチの厚い板も磨耗して、九センチほどになる。それだけに、慎重に作業は進められた。

平成二十一年十一月三日。渡始式をまつ宇治橋の上には、工事を請け負った間組の「宇治大橋作業所」の矢野竜也所長の姿があった。

「早朝、宇治大橋御修造工事に携わった有志で最後の掃除を行ないました。一つの汚れも残さないように――。新品の布で拭きながら、ふと見上げると朝日が昇り始め、宇治橋に降りた露がまばゆく輝きはじめました。今日からまた二十年の月日をこの橋が担っていくのだと思い、心のなかでつぶやきました。〝頑張れ〟――と」

宇治橋の竣工をまちのぞんでいたのは関係者ばかりではない。矢野所長は、増水などで工事が捗(はかど)らないときなどに、多くの方からねぎらいの言葉をもらい、

「その言葉により、気持ちを奮い立たせることができたように思います」

という。

三代夫婦と渡女(わたりめ)の観念

新橋の渡り初めに、親子孫の三世代にわたる夫婦が参加する例は多い。神宮の渡始式では、渡女が夫・子と孫の夫婦を介添に従えて宇治橋を渡る。

平成二十一年十一月三日の宇治橋渡始式には、三重県下の五八組三四八名の三代夫婦、全国からの六〇組余の夫婦も参列。真新しい橋を踏み締めた。

こうした風習は、上田篤のいう、三代の夫婦の和合にあやかり「橋よ永遠なれ」という願いからであろうが、渡始の主役は渡女といわれる一人の女性である。

渡女に関して柳田国男は、

「伊勢の神宮では巫女を子良とも物忌とも申しまして、此には必ず物忌の父と云うのが随伴して実際の俗務に当たって居りました。又同地では近世まで宇治橋などの新架橋の際の渡初めに女が出て儀式を勤め、それの介添に夫や父が出る習であったと申します。其が段々変化して東京などの渡初めには夫が出る、或は三夫婦揃って居るのを捜して渡らせると云うようになって参りましたが、つまり女に男が介添して参るのが本意でありまして、神宮物忌の記録に明らかに残って居ります如く、女は主男は従の関係があったのです」

と、私見（「神道私見」）とことわりつつも注目すべき説を展開する。

倭姫命や天見通命の子孫である童女宇太乃大祢奈の例をあげるまでもなく、女子を神にちかづけることや、依りましとすることは我が神州の伝統であった。

渡女（わたりめ）を先頭に、総勢約1000名が宇治橋の渡り始めを行なった

巫女の奉仕なども今日のように男性神職の従的なものでなかった時代を考えれば、古の絵巻にみえる差掛の朱傘の下で袙扇を手にする渡女や、その前立である小女の立場が理解できる。

しかし、どうして今日のように老女が渡女になったのかという疑問は残されたままである。

永田久のいうような、インドなどの橋で蛟竜（まだ竜にならない蛟）に捧げられた娘の伝説（日本にも類似の蛇神や竜神伝説があるが、本来は水神と稲魂の象徴的な交接をいうものであり、飛流や蛇行する河川に竜や蛇をイメージしたのであると力説したい）や、橋姫の妬みを若い女性が恐れたのであろうか。

石占の神媼や湯立の老巫女に代表されるように、老女の経験的概念から生じる神秘の力を崇めたのかもしれない。土地の神である媼神と饗土信仰がむすびつき、媼が登場したとも考えられよう。

だが、いずれも、こじつけの感はまぬがれまい。やはり、長寿の人を寿ぐ風潮のなかで老女が渡女になったとみるほうが自然であろう。そこには流失を繰り返す橋に、強い生命力をあたえようとする切なる祈りがあったはずである。

各地の渡り初めに相老（あいおい）の夫婦が登場したのも、その和合長久を尊び、あやかろうとする願いからであった。

文政（ぶんせい）六年、江戸の両国橋の橋開きには「長寿の人」として九十一翁とその妻の八十媼を先頭に子と孫の夫婦がこれに従ったが、これも先例によったものといわれる（『甲子夜話』）。そういうことから近来は宇治橋の場合にも三夫婦揃ったためでたい一家がその栄誉をになうことになった（櫻井勝之進『伊勢の大神の宮』）。

宇治橋に三夫婦が登場（明治二十二年）するようになっても、やはり渡女は特別な存在であった。

戸主（とぬし）（とじ）である老女が必然的に渡女となり、子と孫の夫人は侍女として行列に従ったのである。この形態は今も厳格に守られている。

行列はなぜ西に向かうのか

もう一つ、渡始式次第にみえるように、渡始の行列が内宮（東）に向かうのではなく、橋姫神社（西）に向かうということに疑問を投げかける人がいる。

これについては、橋の守り神に御照覧たまわるための方向であるという素朴な理由をあげることもできよう。だが、

老人東西ノ隣町町役中同道シテ、東ヨリ西へ渡り、復東へ還り、畢テ往来ノ人ヲ通ス

（『甲子夜話』）

とある橋開きの例や、東端から渡る橋占の童などと、まったく無縁とはいいがたい。

日が昇る東を始めとする風俗。また、此岸（東）から彼岸（西）への道が特別な境地（パラマ）に通じるという教え、春分（東・稲＝種蒔）から秋分（西・成＝稔り）に移ると

いう思想などの影響についても考える余地はありそうである。

さらに私見を加えるならば、橋姫神社から仮橋を渡って新橋の東に到着、そこから渡始をして再び神社に戻るという道中には、橋の守り神を渡女（あるいは神秘なるものをとりつぐ渡女というべきか）に託け、新しくなった橋をまずお渡り願い、そして社にお戻しするという神渡り（渡御）の意味もあったのではないかと思う。

清楚佳麗な渡始式の行列を想うとき、伊勢の地へ大神をお渡しもうしあげた御杖代の命（倭姫命）の御巡行をほうふつするのは私だけであろうか。

美しい森や川が失われていく時代である。ただならぬ世界へとつづく橋、美しい物語を伝える標の橋が消えていくことを悲しむ。それは日本の「はし」文化の解体であり、森と川と稲によって守られてきた生活の崩壊につながるからである。

澄みわたる清流の上に、新造なった宇治橋。その姿を言寿ぎ、永遠に神と人との懸け橋であってほしいと思うとき、橋姫と歴史の語部でもある擬宝珠に祈らずにはおれない。

宇治橋の木除杭

かくして、宇治橋が架け替えられた。平成二十一年十一月三日に渡女を先頭に渡始式が行なわれて以来、多くの人が檜の美しさを愛でながら五十鈴川を越えていく。

その折、上流側に建つ八本の柱を見て不思議がる人がいる。なかには、橋を架け替えるときの橋脚だという声もある。

しかし、橋を架け替えるたびに位置が変わることはない。工事に先立ち下流側に仮橋を架けてから宇治橋を解体するからである。

八本の柱は、木除杭という。

神路山を水源とする五十鈴川には、雨や風によって大木が流れることがある。それが橋脚にあたれば、橋本体も破損したり流失しかねない。木除杭とは、その名の通り、流木を除けるためのもの。

木除杭の高さは、五・五メートル。この杭が全長一〇一・八メートル、幅八・四二メートルの橋を守るのである。

川のなかに杭を打ち、流れをとめたりするものを柵(しがらみ)という。柵には当然、草や枝もまといつく。「世のしがらみ」という言葉も、まつわりついて離れないものを疎(うと)ましく思う気持ちを表わす。

だが、その「しがらみ」の役割を木除杭がしてくれることで橋は守られ、人も清々しく神域へと進むことができるのである。

何事もないときには、木除杭は無用のものとして目に映る。けれども、いざというときには、これほど頼りになるものはない。こうした備えによってこそ、大切なものが守られていくのである。

お蔭さまで、という感謝の言葉がある。表立つこと、人目につくことだけが尊いわけではない。木除杭は、そうした蔭の力の大切さを人に教えてくれるものでもある。

神宮の二千年にわたる歴史や、遷宮千三百年の伝統も、多くの人々のお蔭である。平成二十五年の神宮式年遷宮にむけ、諸祭行事が開始されたのは平成十七年のこと。地元の方々には、御用材を内宮・外宮へと曳き入れる、御木曳行事にご協力いただいた。

全国の崇敬者からは、ご浄財が集められている。真新しくなった宇治橋は、その真心を目に見えるものとしてご覧いただくことでもある。

この宇治橋の架け替えを契機に、神宮と遷宮について興味をもたれる人も増えると思われる。まさに人を神域へと渡しつづける宇治橋は、神と人をつなぎ、過去と未来をむすぶ懸け橋ともいえよう。

遷御（せんぎょ）の想い出

月あかり、星のまたたき——。

太古さながらの杜（もり）には、やわらかな光があふれていた。遠い祖先たちが踏みしめた参道を照らす庭燎（ていりょう）の飛粉さえ、舞う蛍火（ほたるび）のように清らであった。悠久千三百年、第六十一回を数える、神宮式年遷宮の最重儀、遷御（せんぎょ）の夜のことである。

永遠の祭

このとき、私は神職として、古い御殿から新しい御殿に御神体（ごしんたい）をお遷（うつ）しする行列に加わるという機会に恵まれた。

平成五年秋、十月二日のことである。

天照大神を祀る皇大神宮（内宮）の宮遷しの記憶は、浄らかな闇を照らす光と共に鮮明に浮かびあがる。その神々しい杜のなかで想起したのは、時の流れのたくましさであった。

時の流れは、滅びと同時に語られることが多い。移ろう季節に散る花を謳う文芸のように、時は無常の象徴ともなっている。

しかし、滅びゆくものには、滅ぶべき理由がある。時が滅びを司っているのではない。花が散るのは、種を保存するための自然の摂理なのである。

時に力を感じたのは、古の世界が今に伝わっている事実からである。正直にいえば、神代とさえつながっていると思われた。

それは正殿から大神の御神体である御鏡をお遷しする前に、鶏鳴所役の三声が響いたときである。

鶏鳴三声とは、神職が鶏の声を真似て三度、「カケコー」と唱えることである。十月

遷御（せんぎょ）。太玉串を捧げて進まれる祭主（第61回式年遷宮）

古い御殿から新しい御殿に御神体をお遷しする遷御の儀

五日の豊受大神を祀る豊受大神宮（外宮）の遷御では、「カケロー」と唱えられる。

神宮において神鶏として尊ばれている鶏は、天岩戸開きの神話にも闇夜のなかで光を招くために鳴いた長鳴鳥として登場する。

こうした神話伝承さながらの鶏鳴につづき、正宮を出られた大神は、白い絹垣につつまれて進まれた。新調された御装束神宝を捧持した諸員も列なり、新宮へと大神にお遷りいただいたのである。

その光景は、高天原から天照大神の神鏡と稲穂を託されて地上に降りられた、瓊瓊杵尊の天孫降臨を彷彿とさせた。

さらには、垂仁天皇の御代、倭の国から天照大神の永遠の宮処を求められ、伊勢に神宮を創建された、皇女・倭姫命の御巡幸をも想わせるものであった。

神話につながる稲作は、今も神宮において倭姫命が定められた自給自足の定めの通り、神田において行なわれている。

稔りの秋十月には、祭器具を一新して初穂をお供えする神嘗祭もつづけられている。

年々の神嘗祭に対して、神々に新宮と共に御装束神宝を新調して捧げまつる式年遷宮を大神嘗祭ともいう所以(ゆえん)である。

古(いにしえ)の美風が息づく式年遷宮。新宮への遷御までには八年間、三十余の諸祭行事が重ねられた。御用材の準備については、数百・数千年の単位。宮域林でも毎年、大宮司をはじめ職員が植樹をつづける。

人間国宝級の芸術家たちも、ひたすら大神の御心にかなうように、七一四種・一五七六点に及ぶ御装束神宝の調製を行なってきた。

三度の遷宮に奉仕した宮大工、宮間熊夫棟梁(とうりょう)の、「神様の住まわれる御殿ですから、緊張の連続でした」という言葉にも、精魂込めた熱い想いが窺(うかが)われた。

かつて神領民(しんりょうみん)といわれた地元の人々は元より、全国から一日神領民として御木曳(おきひき)行事や御白石持(おしらいしもち)行事に参加された人たちの感動的な姿も忘れられない。

車椅子で綱にふれる老人の笑顔。

激しい雨のなか、晴れやかに奉曳車(ほうえいしゃ)を引く若者。

かれんな子供たちも、声をからしながら木遣(きやり)を唄った。

神宮は、こころのふるさと、といわれる。まさに、遷宮を通してみた光景は、神宮が日本人のこころの核として存在することを実感させるものであった。

御神体を新宮にお遷しした瞬間の光景

さらに、新旧両宮の佇まいからうけた印象は、改めて神の存在を思わせるほど強烈であった。

二十年にわたり大神が祀られてきた宮は、古色蒼然といえども神さびて荘厳。新宮は美しいが荘重な印象をうけるものではない。

ところが、遷御によって大神が新宮へ入御された瞬間、新旧の宮は隔絶の違いを示したのである。

大神が出御された宮は、まことに畏れ多い表現ながら、空虚を感じさせるのである。萱の屋根も柱も、廃屋を想わせるほどに荒涼感をただよわせていた。

新宮は生気の光あふれ、瑞々しい輝きを放つ。月も星も光を強め、手を伸ばせば届くかのようであった。

御用材を外宮へ奉曳（ほうえい）する御木曳行事

神宮式年遷宮を行なう意義は、理屈や理論を超える神秘体験として、人々の心と体に刻まれ伝えられてきたのである。

当夜取材にあたった読売新聞社の村田博明記者は、

「言葉を扱う記者として、現場では冷静に観察しようと考えていた。しかし、全く言葉を寄せつけようとしない『とき』に遭遇しようとは」

と、感動を伝えてくれた。

参道から奉拝した南山(なんざん)大学のクネヒト・ペトロ助教授は、

「大自然に溶け込みながら神に出合うのは、日本人のみならず外国の私たち、人間すべてのもっとも基本的な宗教体験」

と語った。

こうした体感とは別に、新旧の宮の印象からであろうか。神の死と誕生を語る説もみうけられた。

哲学者の梅原猛氏は、「記紀のアマテラス大神はいったん天の岩戸に入り、そこからまた出てこられる。天の岩戸は古墳である。したがってこの話は神の死とその甦(よみがえ)りを意味するのであろう。御遷宮もまた日本人が悠久の昔から行ってきたそういう生命の死・復活の神事なのである」と説いた。

二千年の昔、大神は倭の国から伊勢へと倭姫命と共にお渡りになられた。遷御も新旧二つの宮の間を渡御（とぎょ）なさるだけである。それが生死の問題へと飛躍する発想には、ただ驚くばかりである。

当時、皇學館大学の西川順土（にしかわまさたみ）名誉教授は、

「遷宮を評して『生命のよみがえり』と言う人もいるが、この一大祭典の一員として奉仕した場合に、神にも人にも生命の衰えがあり、これを再生させる、などという考え抜いた理論に耳を傾けては居ないはずである」と看破された。

時がたくましく、切れ目なくつづくように、神は永遠の存在である。その神と共に歩みつづけてきたことにより、瑞穂の国は栄えてきたのである。

常に若々しく瑞々（みずみず）しい神宮は、常若（とこわか）の象徴でもある。永遠に式年遷宮が繰り返されることは、精神と技術と環境が保たれている証（あか）し。二十年前の式年遷宮に関わる諸祭行事から学んだことは、過去と未来をむすぶ今の大切さであった。

第四章

無銘の神宝から分かる日本人の労働観

❖仕事は神様からの賜り物

式年遷宮では、神々への衣服や服飾品・調度品である御装束・神宝も新しく作り替える。その数は、七一四種、一五七六点にも及ぶ。

その制作に当たるのは、人間国宝など当代一の刀工や金工、漆工、織工である。

彼らは、自分たちが有する伝統技術を駆使し、文字通り一生懸命ご奉仕くださるが、この人たちの銘が作品に刻まれることはない。

すべては、神に供えるものだからである。

近年、御装束・神宝は技術伝承のために保存されるようになったが、本来は保管すべきものではなかった。

それらは神の御料であり、人目に触れさせることなく消去すべきものであった。燃えるものは火により、燃えないものは土に還され、姿を留めることはなかったのである。先人たちは、悠久の時の流れに思いを馳せながら、晴れ晴れとした喜びのなかで、神々に技を捧げてきたのだろう。

現代の名工たちも、神に供えるものだからこそ、偽りや飾りのない真心をもって奉製にあたる。

これは、敬神の思いと強い使命感がないとできないことである。

そして、この考えは、「仕事は神様からの賜り物」とする、日本人の労働観に根差したものと言える。

朱鷺の羽を材料として使うために

しかし、伝承するのは技だけではない。昔は当たり前に存在した材料が、今では入手しづらくなっているという問題も生じている。

たとえば、御神宝のなかには、柄に朱鷺の羽を使う須賀利御太刀という太刀がある。かつて、朱鷺は日本中どこにでもいる珍しくもない鳥だったが、今は絶滅寸前になってしまい、国際的に保護されている。当然のことながら、朱鷺を捕まえたりしたら大変なことになる。

しかし、朱鷺の羽がないと須賀利御太刀の柄ができない。

そのため、今は環境省の許可をもらい、抜けた羽をいただくという形で材料を賄っている。

また、染色のためには草花を育てる必要がある。御装束に使う布は、今も紅花などで染めを行なうためである。

つまり、式年遷宮があることで、自然の草花が守られている、ともいえる。

御装束・神宝と同じような歴史をもつものとして、正倉院御物がある。しかし、それが何のために、どのような技術で作られたか、判明しないものもある。

一方、神宮ではそれに匹敵するようなものが、明確な意図をもって寸分違わず作り替えられており、今後も作り続けられていく。御装束・神宝もまた、古くて新しいという特性を持つ。繰り返しによって永遠の美を保ちつづけるのである。これも「常若」の思想につながる美風と言えるだろう。

これは、日本の伝統工芸を支える、大きな力になっている。

技と材料を継承する難しさは間違いなく存在するが、それ以上に重要な「継承」の精神を、式年遷宮が守り、伝えていると言える。

「匠（たくみ）」という文字は、斧（おの）を使って神聖な物を作ることを意味する。現代の名匠もまた神に捧げる名品を過去と未来をつなぐために作るという、常若の思想の具現者である。

さて、神宝に関することで、鮮やかに記憶していることがある。前回の式年遷宮の際の、御彫馬（おんえりうま）のことである。

❖神宝御彫馬の調製

一つの宇宙が、そこにあった。彫刻界の第一人者、圓鍔勝三(えんつばかつぞう)氏のアトリエには自作は元より多数の美術工芸品が、それぞれに光彩を放ちながら巨大な芸術空間を形成していた。洋の東西と時代を超えて息づく収集品を眺め、

「とても及ばないけれど、影響を受けますね」

と語る氏の横顔に、先人の芸術世界に遊ぶ自由な精神と、探究心をみる思いがした。

「紀元前のもの、オリエントのもの、旅先で拾った石もある。国宝や博物館のものだけが美じゃない。どんなものにも美はある。お伊勢さんの石もありますよ。何かを感じて拾ったと思いますが、今も庭のレンガの間に置いてあります」

皇室より奉納された神馬(しんめ)

この芸術空間から、平成五年の第六十一回神宮式年遷宮のために新調された御神宝の一つ、御彫馬も誕生した。御彫馬とは、新宮に神の御料として納められる木彫馬のことである。

神に馬を奉る歴史は古く、祈雨止雨（きうしう）のための祭儀にも黒馬や白馬がもちいられていた。絵馬に願いを託す風習も、かつて馬や馬形を献じたことに由来するものである。

これは農耕、乗用や運搬の具として、いかに馬が貴重なものとされていたかという証（あか）しでもある。

一枚の側面図から日本古来の馬の姿を掘り出す

神宮で御神宝として奉製されてきた馬形も、延暦（えんりやく）の『儀式帳（ぎしきちょう）』（延暦二十三年＝八〇四年に執筆された）には土馬（はにま）とあるが、長暦（ちょうりやく）（一〇三七〜四〇）の『送官符』では木彫となっている。こうした時代による変遷はあるものの、上代の馬形を今日に伝える彫馬は、白馬や黒葦毛（あしげ）など六体。そのなかには、絶滅した鶴斑毛（つるぶちげ）という黒白の斑（まだら）の毛並みをもつ馬も含まれる。

サラブレッドではない日本古来の馬、しかも幻の馬までを彫り出すための資料は、神宮に伝わる一枚の側面図。そこから肉付き、生命をもつ馬の姿を彫り出すことは容易なことではない。

そのため御彫馬は、常に時代を代表する彫刻家により奉製されてきた。

第五十八回の遷宮（昭和四年）の後藤貞行（ごとうさだゆき）氏と良（なおし）氏、第五十九回と六十回（昭和二十八年・四十八年）の平櫛田中（ひらくしでんちゅう）氏など、近時の例をみても錚々（そうそう）たる顔ぶれである。

第六十一回（平成五年）の御彫馬の調製についても、何人かの候補者の名があげられた。そして人格、技量ともに申し分ない圓鍔氏に依頼の使者が向かったのは、昭和六十年三月七日のことであった。

「ありがたい、光栄だなと思いました。昔のことですが、平櫛田中先生が彫られていた頃、アトリエを訪ねたことがありましたから、何かのご縁だなと感じました。しかし、どうやって彫ろうかなと思いましたね。側面図をみても、わからないほうが多い。ぼかして彫れるものじゃないからね。緊張しましたよ。後から先生方の作品をみせてもらい、また驚いたね。これだけのものができるだろうかと――」

かつて御神宝は社殿から撤下されると、人目にふれることなく土に埋められたり焼却されたりしてきたが、明治になって技術伝承のために保存されるようになった。

撤下された歴代の名匠の彫馬を前にして、圓鍔氏も芸術家としての魂を燃えあがらせたに違いない。

木のなかにあるものを心で見る

木、石、ブロンズ、陶、銅板など、あらゆる材に精通。具象から抽象と自在に創作活動をつづけ、昭和六十三年に文化勲章を受けた圓鍔氏には、馬をモチーフにした作品も多い。

昭和天皇八十歳の御誕生祝いに製作された「若駒」をはじめ、「幻想」、「タヒチの追想」、「馬と遊ぶ神烏(こがらす)」、「神使(しんし)」。なお、故甘露寺元侍従長が「花さそう賢所(かしこどころ)に神使い」と句をよせた、馬の上に猿が御幣を持って乗る「神使」は、昭和五十四年の内宮神楽殿の竣工を奉祝して、神宮に献納されている。

「馬が好きというわけではないが、よく彫りました。けれど、御神宝の馬は特別。創作は困るらしいから、まず馬を探しました。平櫛先生が馬のモデルを探した話は有名ですが、私も古い絵巻をみたり、根岸（横浜市）の馬の博物館にも行きました。模写をして、どこが急所か見極めることが大事ですからね」

圓鍔氏が馬のイメージを固め、粘土で形を造りはじめたのは昭和六十二年を迎えてからのことであった。それを石膏モデルにして、

「最高の材が手に入りましたから、彫り甲斐があります」

と、四方柾目の木曽ヒノキにノミが打ち込まれたのは、その夏の盛りであった。

漱石の『夢十夜』に、運慶が土のなかから石を掘り出すように、ノミで木のなかに埋まっている眉や鼻を取り出す姿をみた主人公が、なるほど彫刻とはこうしたものかと感心する件がある。

彫刻について、

「大切なのは心。木のなかにあるものを心で見る。後は木のいらない部分を捨てるだけで

す」

と語る圓鍔氏にも、大自在の妙境の彫師に通じるものを覚える。しかし、その氏をもっても御神宝の模刻彫馬には、むつかしいものがあったようである。

「係の人に寸法を厳しくいわれましたが、むつかしいですよ。ここに金具が付くといわれましてもね。それに眉一つでも気が抜けません。木に書いて彫りませんからね。そんなことをすると、かえってアクセントが強くなってしまう。それぞれ、先の方も工夫されていますね。やはり、時代によって特徴が出てます。特に明治のものは、力強いですね。いろいろな約束のなかで、どれだけ個性が出せるか、それが問題ですね。本当に、いい勉強をさせてもらいました」

彫り終えても、まだ完成ではない

御神宝の調製事務を担当し、圓鍔氏とも終始連絡を取ってきた神宮の寺西正技師は、

「後藤先生の馬は上品な感じがします。平櫛先生のものは筋骨隆々としてたくましい。圓

鍔先生の彫馬には若々しさと気品を感じました」

という。

「その人の作品とは眺められたその人の顔である」

とは、小林秀雄の言葉であったと思うが、時代を代表する芸術家の作品に、その時代の作家の個性が反映するのは当然のことであろう。そして、その精神と祈りも——。

「汗なき人生は堕落なり。愛なき社会は暗黒なり。私の好きな言葉です」

圓鍔氏が六体の馬と、白馬形(あおばのかた)に付属する口取人形一体を彫り終えたのは平成元年の三月末。その奉告のための参拝は九月二十一日、秋晴れの日であった。

しかし御彫馬は完成したわけではない。圓鍔氏の手元を離れた彫馬には、それぞれに彩色が施され、錺(かざり)金具や螺鈿(らでん)、錦織物などの装飾品が付けられる。

「彫刻した馬に彩色されますね。あれで、また違ったものになります。刷毛(はけ)一つで、毛並みも変わります。総合芸術だから、元が悪いと最後まで影響するので責任を感じて彫りましたからね。彩色中に神宮の方と共に、ぜひ拝見させていただきたいものです」

画狂人北斎(ほくさい)は、肉筆のイメージを大切にして、浮世絵の彫師や摺師にも納得のいくまで注文をつけたという。馬後藤といわれた後藤貞行氏の意志を継いだ後藤良氏も、彫馬の刀目が濃地塗(こいじぬり)のために埋もれるのではないかと心配のあまり、道具を手にして作業所まで駆けつけたことがあると伝え聞く。

圓鍔氏の心配も、芸術家として当然の思いであろう。しかも、神に奉るために真心込めて奉製した彫馬である。その思い入れの深さこそ、作品の完成度の高さを示すものであろうとは、美に疎(うと)い私にもわかる道理である。

圓鍔氏の「生き生きした彩色を、お願いしたい」という意を体した寺西技師は、埼玉県の人形彩色師磯貝宏昭氏に、木彫の個性を保ちながらヒビ割れを防ぐための地塗や、彩色を施すように注文した。もちろん、その腕を見込んでのことである。

名前は刻まれないが、永遠の生命を保つ

民族永遠の願いを込めて、二十年を周期に繰り返されてきた遷宮について、

「理屈じゃない。尊いものを感じますね。こちらも手が震えるほど、緊張しますよ」

と語る圓鍔氏のように、歴代の名匠たちも全身全霊を傾けて御神宝を奉製してきたことだろう。

しかし、その作品に製作者の銘が入れられることはない。神前に名を示すことを不遜と考えたからという向きもあるが、神の御料を奉製できたという喜びに比べれば、個人の名誉など小事に他ならなかったからであると信じる。

それはまた、志賀直哉が、

「夢殿の救世観音を見ていると、その作者というような事は全く浮かんで来ない。それは作者というものからそれが完全に遊離した存在となっているからで、これは又格別な事である。文芸の上で若し私にそんな仕事でも出来ることがあったら、私は勿論それに自分の名などを冠せようとは思わないだろう」

という心境にも通じるものであろう。

圓鍔氏の名も、彫馬に刻まれることはない。

だが、氏の誕生させた彫馬は、後世の作家に感動と、新たなる祈りと個性をもつ彫馬奉製への情熱を湧きあがらせて、常若の生命を保ちつづけていくに違いない。

第五章

永遠を確立する科学

❖森林保護に関する誤解

前回の式年遷宮で問題となったのは、遷宮御用材と森林保護についてであった。これに関しては、自然環境問題として大々的に取りあげられた。紹介するのは、その一部の抜粋要約である。

伊勢神宮の造営資源むだ遣い

使用されるヒノキは一万三千六百本で、大きいものは直径一・五メートルもあり、樹齢四百年余の巨木もあるといわれ、三百二十七億円という総工費は、とても理解できない。

ヒノキ材は千年以上は優に持つそうである。一般の常識を超えた貴重な資源やばく大な建造費を充ててまで、二十年ごとに建て替えなければ、敬神の気持ちが損なわれるのであろうか。

地球環境、森林資源保護は、重要課題である。貴重な自然を守るためにも、今年の遷宮を機に、建造物は長く保存することに努めてほしい。（朝日新聞「声」平成五年三月十一日）

これに対しては、反論も掲載された。

伊勢遷宮時の古材は再利用

ドイツの建築家ブルーノ・タウトは「神宮の建築は、日本独自の文化のカギで全世界の賛嘆おくあたわざるものがある。しかも千三百年近くの昔から一定の形式を守り、材は新鮮なヒノキを使い、朽ちることのないように心をくばっていることは、日本が世界へ贈った最高の贈り物だ」（意訳）と絶賛している。

古材は無駄にされていない。たとえば、棟持ち柱は宇治橋の鳥居として二十年使用され、さらに次の二十年は桑名と関の参宮道の鳥居柱に利用される。その他の材は全国各地の神社に譲渡され、有効に使用されている。工費は全部、全国の神社や篤志家の寄付金でまかなわれ、税金は使われておらず、用材は調達で国有林に代金を払っている。もちろん、遷宮ごとにヒノキの大木が木曽国有林で伐採されるが、神宮自体は将来の用材生産のため各種の研究を進めており、また、天然林相の維持保存や国立公園の機能増進にも努力している。(朝日新聞「声」平成五年三月十六日)

さらには、

オーストラリアの先住民アボリジニは森林にしょっちゅう火を放つのだそうだ。―略―小山さんは、先住民の〝文化の煙〟だというのだが、約二百年前にやってきた白人はアボリジニの放火癖に驚いてこれを禁止した。すると森はどうなったか。ユーカリの葉は油分を含んでいるので、たい積した葉は自然発火で大火災を起こし、広大な地域が災害に見舞われた。〝放火〟は林をまばらにし、自然を守る先住民の知恵なのだった。

最近、声高に叫ばれる環境保護の主張には、この話と似たところがあるように思えてならない。―略―遷宮は木材の無駄遣いであり、自然を破壊するのでやめるべきだ、という意見は一見もっともらしくて、実はいちばん大切なものを見失っている。

用材は木曽のヒノキが使われるが、一本の木を切り出すにも木本祭、御杣始祭と丁重な儀式が幾度も行われる。ことしは遷宮の年だが、薄っぺらな使い捨てとはわけの違う民族の心を、私たちは知るべきなのである。（産経新聞「産経抄」平成五年三月二十一日）

という意見も出された。なお、コラムに出てくる小山さんとは、『狩人の大地』（雄山閣）の著者で国立民族学博物館の小山修三（しゅうぞう）教授である。

外国報道のなかでも森林資材の問題は取りあげられた。

時間の変奏曲

フィリップ・ポンス

遷宮造営用材としての木曽檜が確保できるかという懸念があり、それは二十年前の前回の遷宮費用の五倍に跳ね上がっている今回の遷宮を考えると、遷宮制度と伝統の維持継承の困難な問題が現実にある。また人々の意識の問題もあり、二十年後の伊勢市民が果たして式年遷宮の大事業を義務と感じ実行してくれるかどうかも疑問である。（ル・モンド紙平成五年十月六日）

消耗

ジューディス・スタルパース

遷宮のため厖大（ぼうだい）な資材（即ち木・鉄・労働力）が消耗されると言われているが、かえって遷宮の目的である精神の再生には、この世の資材の消費はかまわないと言っても良いであろう。欧米における石像に対して、伊勢では精神性のほうが具体的な物より大切にされるのである。

造替を実現することによって、祖先に最も崇敬されてきた「神様」を再び崇敬する。即ち祖型を守ることが永遠を実現するのである。神社本庁長老である櫻井勝之進氏の説明によると、日本人にとっての遷宮は心のふるさとに帰するのと同時に再生の意味を含めた祭典である。(ロッテルダムス・ターブラット紙　平成五年十二月十一日)

このほか、木曽の木材関係者からの、

「お伊勢さんは数少ない良木をどんどん持っていってしまう」(朝日新聞　平成五年三月十七日)

という声に対して、神宮では木村政生営林部長が、

「木曽の国有林からは年間十万立方メートルのヒノキが切り出されました。遷宮の用材は十二年かけて一万立方メートルを購入しましたから、年間の一%にもなりません」(朝日新聞　平成五年九月十一日)

と説明。また、神宮では毎年の大宮司以下職員による植樹祭にマスコミを招待するなど理解を深めてもらうようにつとめている。

この件に関して、三度の遷宮に古儀を尊重されつつ、玉垣御門に金銅御金物を加えたまい、四丈殿造替の例を開かれるなど善美の度を増された明治天皇が、すでに今日的な問題について考慮されておられたことを伝える資料を掲げておく。

明治の文明開化の頃に、伊勢神宮をコンクリートや煉瓦で作ったらどうか、という提案すら出たのだが、それに対して明治天皇が次に示すように、「祖先が守り伝えてきた精神文化をきちんと残さなければならない」という御意志を示されたので、結局、その提案は退けられたのである。

「神宮の御造営と云うものは我国の固有の建て方である。之れを見て始めて此国の建国の昔の古い事を知り、一つは又祖宗が斯の如く御質素な建物の中に起臥（日常の生活）を遊ばされたと云うことも知るし、神宮を介して始めて我国建国の基を知るのであるから、現在の此建て方は全く永世不変のものでなくてはならぬ、決して建築法が進歩したからと言って煉瓦とか混凝土で造るべきものではないと云うことを懇々と御沙汰がございまして、木材が足らぬようであれば斯うしたら宜いではないか、即ち御扉とか御樋代木のような大材を要するものは、形さえ出来て居れば宜いので、何も御扉に、四尺大の一枚板を使わなければならぬと云ふものではない、継合せて形を整えるならば御樋代木も其通りである、又檜(ひのき)に限ったことはない、他の木でも差支ない、斯う云ふことにすれば、此大きな木曽の御料林で、大材の不足すると云うことはない」日野西資博元侍従　謹述抜粋（『明治天皇の御日常』祖国社）

❖自然を守る伊勢神宮

最近は、「伊勢神宮こそエコの代表」という人が増えたし、古い形態が遷宮によって残されることに意義を感じる人も多くなった。

マスコミも今では、「自然を守る伊勢神宮」という論調がほとんどである。

もちろん、「守る」といっても神宮の場合は、博物館の展示物のように極力手をふれないで保存するということではない。むしろ、使うことによって守っていくのである。

たとえば、宇治橋の鳥居。

これは遷宮のたびに、内宮・外宮の古材によって建て替えられる。内宮・外宮の正殿の棟持柱（むなもちばしら）が二十年後に、宇治橋の内と外の鳥居となって、新たに二十年間参拝者を迎える。しかも、宇治橋の鳥居として二十年間使われた後は、鈴鹿峠の関の追分や桑名の七里の渡しの鳥居として使われることになる。

また、内宮の正殿はそのまま熱田神宮のお宮として使われている事実もある。

つまり、神宮の古材は全国の神社などで無駄なく使われているのである。

屋根の萱は、役目を終えた後は刻んで、神宮御園という畑において肥料として使われる。

伊勢の神宮には、「神馬」と呼ぶ宮中から奉納された御馬もいるが、この馬には神田でつくった稲藁や御園の土で育てた人参などを食べさせている。その神馬の糞は御園の地に持ってゆき、また土に還元して堆肥にする。まさに循環型の文明を築いてきていると言える。

このように、二十年に一度の式年遷宮による造り替えは、材を無駄に廃棄するとか、いたずらに消耗するのとは正反対に、再利用しているのである。

言い換えれば、使いっぱなしではなく、すべてを大切に生かし続けていく。

神宮は、そういう文化基盤を持つことにより、常若の聖地として存在するのである。

❖マスコミ報道と伊勢神宮

先ほど、式年遷宮に関するマスコミ報道について触れたので、少し論じたい。

祭儀の神秘尊厳を説明しても、神話や神道を理解していないマスコミの旗手たちにとっては、遷御といえども取材対象の一つにすぎない。

ニューヨークタイムズ記者の「取材には規制が多くて」というコメントは、マスコミ全体の声でもあった。だが、前回の遷宮直後には、

「現場では冷静に観察しようと考えていた。しかし、全く言葉を寄せつけようとしない

『とき』に遭遇」(前掲・読売新聞社　村田博明記者)

という、大きな感動の声を聞くことができた。これは一種の神秘体験であり、

「六十一回も続く歴史の一点に自分がいることを強く感じた」（皇學館大学　渡辺寛教授）
「活字の世界とは次元が違うことに大きな驚きを感じた」（國學院大學　藤森馨講師）
という想いに重なるものであろう。
そこには、言語・時間・宗教はもとより、消耗や再利用とかいう合理性からでる議論を超えるものがある。
こうしたところから、遷御の取材打ち合わせの前に、マスコミを恒例の大祭などに招き、カメラ・ペンを持つことなく浄闇の森のなかで精神世界にふれてもらうような機会をつくることも必要であろう。

イベント性を強調する報道、それを疑問視する声

マスコミのなかには、
「参拝者増やすチャンス　燃える観光業界」（毎日新聞　平成四年十二月一日）
「ばく大な費用　前回の五倍強の三百二十八億円」（産経新聞　平成五年一月七日）

「遷宮効果　投資・需要二千二百億円」（朝日新聞　平成五年一月十三日）
「一万三千六百本のヒノキを使用」（毎日新聞　平成五年九月三十日）
という、大イベント的な報道も見られた。
それを疑問視するマスコミも、当然のことながら存在する。
「このままではスケールの大きさと形式だけが強調され、遷宮は『日本の三大祭り』のような大型イベントへの道を歩いていくような気がする。近視眼的な遷宮への対応は、結果として伊勢神宮の首を絞めることにはならないか」（毎日新聞「第六十一回遷宮が終わって」平成五年十月十九日）
評論家の立花隆（たちばなたかし）氏は、「あらゆる文化は継承なしには成立しない。それが遷宮第一の意義」とし、神道について日本人の内面世界・精神文化を考える上で見落とせないものと指摘している。
その精神部分の紹介こそ課題であり、遷宮理解への近道にほかならない。

遷宮の内面を捉えた外国報道も

外国報道のなかに、注目すべきものがある。

国外から、ニューヨークタイムズ、ロイター通信社、ル・モンド新聞社、ドイツＴＶＲＤなどが遷御を取材したのだが、なかでも、ル・モンド紙のフィリップ・ポンス記者の、「神宮の森の原始的ともいえる自然の姿や建築様式には——人間と自然との共生を保持してきた神道という宗教の本源が示されている。

神道自体が生活に根ざした考え方と態度のなかに浸透しているし、また自然の力とそれが持つ美に対しての人間の崇敬心の表われとも考えられる。

御遷宮後もしばらくは旧殿が取り壊されずに新・旧両殿が並ぶ。両殿が全く同形とはいえ、旧殿の萱葺屋根はさすがに古色を帯びており年月を経た跡がみえている。時間に立ち向かうのではなく、むしろ時間が到達し得ない境地がそこにある」

という表現は、遷宮の内面を美事にとらえている。

　これまで遷宮については永続的なものではないという論調が、特に外国人に多くみられた。
「我々は永遠を信じて建築物を造るが、日本人は最初から永続しないものとして造る」（ラフカディオ・ハーン）
「伊勢神宮を建立するにしても、二十年以上はもたないと知りつつ、いずれは腐ってしまう材料で造った」（ドナルド・キーン）
「そこに日本人の自然と共に朽ち果ててしまいたいという願いがある」（マーヴィン・トケイヤー）
　こうした誤解を正すことが、日本文化を世界に紹介する道を開くことになるはずである。

❖自然は絶対的な科学である

ここは心のふるさとか
そぞろ詣れば旅ごころ
うたた
童にかへるかな

吉川英治

心のふるさと、といわれる伊勢の神宮。麗しい森、清らかな川――。
参道を進むうちに、やすらぎを感じると多くの人が語る。

近代の道は、自然との闘いによって切り開かれてきた。自然に対抗することが、高度な生き方と信じられていたのである。

しかし、自然の森とコンクリートジャングルの違いに人は気づくようになった。森林浴などの効能も科学的に解明されている。

悠久の歴史をもつ神宮の森の佇まいに人々が、ふるさとへもどったような想いをいだくのは当然のことであろう。

自然は自己の法則を破らない

レオナルド・ダ・ヴィンチ

科学者でもあった万能の天才の言葉のように、自然とは絶対的な科学。人智を超えた神の領域といってもよい。

森とは杜（もり）。杜は神々の宿る社（やしろ）とも同意である。自然のなかに神を感じた祖先たちは、祈りと感謝の心を捧げてきた。

常若のふるさと

木、林、森。木々のみどりは美しい。樹木の芳香成分フィトンチッドは、細菌を死滅させ、心身をリラックスさせる効能をもつ。

休むという文字は、人が木に寄りそって憩う姿を連想させる。まさに神宿る杜は、人をつつみこんでくれる聖なる空間である。

木の葉一枚といえども、そのもつ意味は大きく重い。葉は太陽の光をうけて生命維持に不可欠な芽吹きのエネルギーとなる。

川に落ちた葉は、プランクトンのエネルギーとなり、さらに魚貝など多くの命を永遠につないでゆく。

杜は暮らしの源泉でもある。山のミネラルを含む水は、田や畑の作物を稔らせる。海のミネラルと混じりあう河口（かこう）では、栄養豊富な塩がつくられる。食文化を支えてきたのも麗しい杜の力である。

食とは、人を良くするもの。よい食生活は、心身を豊かにする。礼節や健康も食を欠いては保てない。

日本は、瑞穂の国といわれる。その瑞々しい稲穂が稔る国の神話は、神が食物を発生させ、人々に農業を教えたと伝える。稲作は神業。稲は神霊の宿るものとして尊ばれてきた。

主食となる米を作るためには、稲田に水が必要である。そのため水源となる山が大事にされる。

山が整備されれば建築用材を伐り出すこともできる。食の確保は、生活環境を保全することでもある。

水を分け合う。木を植える。仲間のため、子孫のために――。そこに共生の思想と共同の意識が生まれる。それは利己を超えた愛の世界の確立につながる。

春の田植え。秋の稲刈り。神話の時代を想わせる業は、永遠の命と平和の象徴。稲が、命の根（イノチノネ）といわれる所以である。

食と命

古来、日本人は稲作によって命をつないできた。稲は年ごとに稔る周期から、「年（とし）」ともいわれ、人の年齢にも関わりをもっていた。

一年とは、地球が太陽を一周する周期。今日では、三百六十五日五時間四十八分四十六秒の単位で示されるが、天地の恵みによって稔る稲の更新期間に由来するものでもある。

「秋」という文字は、「禾」に「火」と書く。禾は稲穂が頭（こうべ）を垂れるように稔った姿を示す。火は炎のように赤々と稲穂が色づいていく様を思わせる。

秋の稔りを迎えるためには、さまざまな祈りが捧げられた。「稔」は「禾」と「念」からなる日本人の祈りの象徴ともいえよう。

稔りは天地の神々の恵みの結晶。「穂」は「禾」と「恵」から成る。秋に稔る稲穂は、美しく豊かな日本の風景と歴史を物語ってくれる。

文人・保田與重郎も、「秋のみのりの豊かさに、詩の美を味わう」と稲田の光景に、生命と精神を育むものの存在を謳いあげている。

日本人にとって稲作に関わる文化は、漢字を含め科学であり、文学であり、絵画でもある。

ちなみに科学の「科」は「禾」と「斗」で表わされる。斗は米などの重さを計る道具。科とは計量や品質を調査するという意味をもつ。

自給自足の伝統

稲は水田で稔る植物であるため、水源の確保と管理が重要である。そのため森林が大切にされてきた。

神宮では、豊受大神宮(外宮)で毎日の朝夕に行なわれる日別朝夕大御饌祭をはじめ、年々の祭に供える神饌といわれる御料を自給自足の伝統を守って調製している。

稲は神宮の神田、野菜や果物は御園で作られているが、その水源は五十鈴川上流の神路山といわれる森林である。さらに五十鈴川が運ぶ山のミネラルと海のミネラルが交わる二見浦では、神宮の御塩も奉製される。

二見浦の海水を煮詰めた御塩は、今日的なイオン交換膜法の食塩（塩化ナトリウム）とは大きく異なる。

食塩は化学的な製品であり、純度が高いため吸収率がよく、高血圧の元ともなっているが、御塩は山海のミネラル（マグネシウム・カルシウム・カリウムなど）を含む天然塩である。天然の塩は、深みのある、まろやかな味をもつ。神に捧げるにふさわしい塩である。

御塩の奉製

神宮の御塩の奉製は、二見町大字西にある御塩浜と、二見町大字荘に鎮座する御塩殿神社の境内に設けられた御塩汲入所・御塩焼所・御塩殿において行なわれる。

作業は、真夏（土用）の炎天下、入浜式の塩田である御塩浜から、濃度の高い海水（鹹水）を汲むことから始められる。

鹹水は浜から約一キロ東、二見の海岸に面した松林のなかに建つ、御塩汲入所に貯えられる。

汲入所で濾過（ろか）された鹹水は、八月上旬に御塩焼所の釜で煮つめられ、土色の荒塩となる。荒塩はニガリの切れをよくするために、麦藁（むぎわら）を交ぜて編まれた俵につめられ、御塩殿の裏にある御塩倉に納められる。

荒塩を三角錐の土器につめ、カマドで焼固めて堅塩にする作業を御塩焼固（やきかため）といい、御塩殿において十月と三月に行なわれる。

十月の焼固に先立ち毎年十月五日には、御塩殿祭が行なわれる。御塩や飯・酒などを供え、御塩の奉製と塩業の発展を祈願する祭には、専売公社（現ＪＴ）や各地の塩業関係者の参列も多い。

御塩の由来

塩は食物の保存や調味料としてだけでなく、生命維持のためにも必要な物質。そのため塩は、神聖なものとされ宗教的な儀礼にも用いられてきた。

海水を御塩焼所で一昼夜かけて煮つめ、荒塩がつくられる

神棚に塩を供えたり、不祝儀（ぶしゅうぎ）の帰りに玄関先で塩をまく風習も、塩が清浄のシンボルとされてきた一例である。

塩が祓（はら）い、清めに用いられるのは「潮あび」という、海水で身を清める儀礼のなごりでもある。

夫婦岩と海水浴場で知られる二見浦も、かつてはお伊勢まいりの人々が、身を清めるための禊（みそぎ）の場であった。

清渚（きよきなぎさ）といわれる清く美しい二見の潮から神宮の御塩が奉製されるようになったのは二千年の昔、皇大神宮（内宮）御鎮座の当初にさかのぼる。

その由来は垂仁天皇の御代（みよ）、天照大神の宮地を求めて巡幸された倭姫命（やまとひめのみこと）に、二見の浜で佐見都日女命（さみつひめのみこと）が堅塩を献上したことによると伝わる。

以来、神宮の御料となる御塩の奉製には、二見に在住する人々が奉仕にあたる。古式のとおり、真心を込めて奉製された御塩は、今日も人々の幸福を祈って神々に供えられている。

神酒（みき）

酒は塩と同じく神事に用いられ、「御神酒（おみき）あがらぬ神はなし」といわれるほどである。その酒には徳があるとされ、「うれいを払う玉ぼうき」とさえいわれる。

適度な飲酒は心身をリラックスさせ、ストレス解消にもつながる。酒が「栄え水」といわれていたのも、飲めば晴れ晴れする水であるからである。

『万葉集』にも、大伴旅人（おおとものたびと）や家持（やかもち）などの酒を詠（よ）んだ歌が多い。万葉人も酒をたしなみ、えもいわれぬ世界に遊んだものらしい。

奈良時代の『御遺告（ごゆいごう）』には、「酒は是れ治病の珍、風除の宝なり」とある。食欲の増進、血行をやわらげる、安眠を誘うなどの効用をもつ酒は、まさに百薬の長。

古来、酒は神聖な飲みものとして儀礼にも用いられる。結婚式で執り行なわれる三々九度の儀式も、大国主神（おおくにぬしのかみ）と須勢理姫命（すせりひめのみこと）が結婚の誓約のために杯を取り交わしたことに由来するという。

神酒の醸造

今日、酒といえば清酒のこと。神宮でも祭のたびに清酒を捧げるが、三節祭（六月と十二月の月次祭・十月の神嘗祭）には清酒のほかに、白酒・黒酒・醴酒がお供えされている。

白酒とは、糀と蒸した米と水でつくった醪を醸造した濁酒のことで、いわゆるドブロクである。

黒酒は、酸味の強い白酒に植物の灰を入れて中和した、黒灰色の酒。

醴酒は、糀と蒸した米でつくった甘酒のもとのようなもの。一夜酒ともいわれている。

現在、清酒に限っては兵庫県の篤志家によって調達されているが、その他の神酒は神宮において造られている。

平安時代の『延喜式』に、新穀を白貴（白酒）、黒貴（黒酒）に醸造して神々に捧げる記述がある。

その古式のままの酒造りが、神宮においてつづけられているのである。

神酒の醸造は、内宮の忌火屋殿（いみびやでん）という神饌（しんせん）の調理所で行なわれているが、かつては内宮と外宮の御酒殿（みさかどの）で造られていた。

そのため今日でも祭のたびに供えられる神酒は、まず御酒殿のなかに納めるならわしとなっている。

酒の神

お酒の神様といえば、大国主神・少彦名神（すくなひこなのかみ）・大山咋命（おおやまぐいのみこと）・市杵島姫命（いちきしまひめのみこと）などの神々が有名であるが、神宮の御酒殿には御酒殿神（みさかどののかみ）が祀られている。

外宮の御酒殿は参道から離れているため、目にふれることはないが、内宮の御酒殿は神楽殿（かぐらでん）の東側、五丈殿（ごじょうでん）の後方に位置しており、参拝される人も多い。

内宮の御酒殿では、六月・十月・十二月の各一日に御酒殿祭が行なわれる。御酒殿神に三節祭に供える神酒の醸造と、全国の酒造業の繁栄を祈願するためである。

お酒の神様が祀られているためか、伊勢にはおいしい地酒が多い。お伊勢まいりのあとに、くつろぎながら飲む酒はまた格別。

けれども十徳をもつ酒には、三十六種の罪ありとも伝わる。ヤマタノオロチの不覚も、多量の飲酒がもと。神代の昔から酒はゆかいに、ほどほどにが一番らしい。

神宮の神酒

神宮において神様に神酒を召し上がっていただくのは、たくさんのお供え物の最後である。いわば料理の締(し)めといえよう。

世間の宴会では酒が主体であり、料理の膳には箸(はし)をつけないまま、ラーメンや茶漬けで締める人が多い。

そうした宴席と神宮の祭には雲泥の差があり、理想的な飲酒法が実践されているのである。神前には、まず御箸(みはし)が置かれ、海川山野のものが捧げられる。神酒は最後で一種類、三献(さんこん)まで。三寸土器(さんずんどき)という小さな器に少しずつ、三杯で終了となる。

日本各地の食文化を調べたところ、本土復帰前の沖縄地方では、こうした食生活が守られていたようである。

沖縄の名物料理のゴーヤチャンプルーの苦瓜(にがうり)は、肌を紫外線から守る効能をもつ食品である。そうした料理をしっかり食べた後に、泡盛などを飲んで心身を安らげることで、若々しく健康的な生活が成り立つのである。

神宮の祭や長寿の国から学ぶべきことは、自戒を込めて多い。また、各地に伝わる食文化も大切にしていかねばと思う。

❖理系高校生が伊勢神宮に惹(ひ)かれた理由

私は高校時代、化学を勉強していた。定性分析などを行なう、いわゆる理系である。古典文学にはほとんど興味を持っていなかった。当時、公害が大きな社会問題になっていた。飲料水や母乳からさまざまな有害物質が検出されるという事実に触れたとき、

「科学は人を幸せにするべきものなのに、現実の社会はどうして逆なのだろう？」

と深い疑問を抱いた。

「絶対平和につながる科学はあるのだろうか」「人々を幸せに導く営みがこの世界にあるのか」と探り続けて、目に入ったのが神話の世界である。

たとえば、『古事記』に出てくる、因幡(いなば)の白ウサギの話。

だました鰐に毛皮をはがされたウサギは、さらにでたらめな治療法のために傷を深くする。そんなウサギを救ったのは大国主神の「蒲の穂綿にくるまりなさい」という助言。それにより、元気を取り戻すことができたという神話である。

この神話は、他者をだましたりすれば自分にも悪いことが起きるという教訓ともなっているが、ここで強調したいのは、蒲の穂の花粉はフラボノイドを含んでおり、血管収縮作用をもつという事実である。つまり、科学的にきわめて合理的な解説をすることができる。

このように、神話の世界に科学の姿を見出した私はさらに伊勢の神宮に目を向け、そこにこそ「人々を幸せに導く営み」があると気づいた。

伊勢の山に降った雨水が川や海に流れ込み、多くの動植物の生命を育んで、我々に恵みをもたらしてくれる。その水が太陽の光を浴び、蒸発して再び山に帰っていく。

大自然の循環システムとして考えた場合、これ以上の科学はない。まさに永遠を確立する科学が神宮にある、と気づいたのである。

神宮についてさらに調べるなかで、自然との共生思想をもつ神道の世界に共感するようになり、やがて神宮に奉職させていただくようになったわけである。

❖宇宙の記憶を持って生まれてくる

何事にも始まりがある。日本の始まりをずっと尋ねていくと、歴史は神話に辿り着く。神話は宇宙空間に繋がっていく。宇宙に繋がるというと、「何を荒唐無稽（こうとうむけい）な」と思われる向きもあると思うが、私たちの生体や生活環境というものは、すべて宇宙からいただいた成分で構成されているということは間違いない。

天上には数多くの星があるが、その星がやがて消滅するときに、さまざまな元素を発生させる。それが宇宙に拡散していった段階において、この地球という球体もできた。土も木も、宇宙から与えられた元素によって創られたということである。

私たちの生体元素は、約三十ある。

人が立っていられるのも、骨となるカルシウム分があるからであり、これらはすべて宇宙が源（みなもと）である。

私たちは宇宙の記憶と形体を持って生まれてきているといっても過言ではない。

古代の人々も、宇宙のなかに私たちのルーツを位置づけてきた。神話は高天原という天上界の国、そこに天照大神を中心に豊かな美しい国があったと語り始める。そこから、第一章で説明したような神業が地上にもたらされたという伝承は、科学的にも不自然ではない。

八百万神（やおよろずのかみ）の信仰には、大宇宙と繋がる豊かな自然の恵みへの感謝と共生の思想が根底にある。

よく日本人は、宗教に無節操だといわれる。キリスト教会で結婚式を挙げ、仏前で葬式を執り行なう。一神教を信じる国の人々からは考えられないだろうが、日本人に違和感はない。

大自然と共にある八百万神の信仰は、あらゆるものを尊び認めるから、私たちはさまざまな神を共有することができるのである。宗教的な激しい対立もないし、平和的な民族といえる。

多くの日本人にとって神とは、おそらく空気のようなものだろう。形もなければ、色や匂いがあるわけでもないが、間違いなく、われわれを生かしてくれている。

目には見えないが、神を明確に意識すれば、感謝の気持ちが起こる。

また、何気なく訪れたとしても自然に神を感じることができる場所、それが聖地なのであろう。

絶対的な科学に基づく循環装置「常若の森」

風がうたえば　木の葉もおどる
幾千年の　月日のなかで
何億万の　落ち葉も生きる
新たな木々の　芽吹きのために
土に身をかえ　いのちをつなぐ

鳥がうたえば　魚もはねる
幾千年の　月日のなかで

何億万の　いのちが生まれ
過去と未来を　つなぎつづける
親から子へと　伝わるこころ

雨がうたえば　草木もゆれる
幾千年の　月日のなかで
何億万の　水玉たちが
森をうるおし　海へとながれ
雲に身をかえ　また森に降る

常に若やぐ　常若の森

「常若の森」は、多くの人に歌ったり、聞いたりしてもらうために作詞したもの。永遠の自然の連鎖に則した、神宮の森の機能を理解してもらいたいからである。

常に若々しく森が存在するのは、水の循環と共に春に豊作を祈り、秋に稔りを感謝する祭の実践によって環境が維持されているためである。

神宿る自然とは絶対的な科学に基づく循環装置であり、祭は神と人をつなぐ重要な触媒的な存在と譬喩することもできよう。

水の恵みによって稔る稲は、理想的な食物である。主食となる米は、炭水化物・蛋白質・鉄分・カルシウム・ビタミンなどを含み、保存もできる。

しかも、食物アレルギーとは無縁である。さらには連作が可能である。山の養分を含む水を引き入れることで地力が保たれるからである。

まさに命の根である稲は、大切なものであり、種籾を保存する場所も必要であった。それが神宮の唯一神明造の原形といわれる高床式の穀物倉庫である。

漆喰による米蔵の完成をみるまで穀類を貯蔵しておくための穀倉は、大きな役割を果たしてきた。高温多湿のなかで食物を保存するために床を高くすることで風通しを良くすると共に、水害や獣害を防ぐことができたのである。

木の板壁は雨水の浸入を膨張によって防ぐ。乾燥すれば水分を排出するため、天然のエアーコンディショナーのような機能をもっていたのである。

屋根には萱(かや)が葺(ふ)かれた。萱はイネ科のススキ。神宮では、萱山(かややま)においてヤマガヤを採培。約二万三千束の萱を採取する。

古くは「草」を「カヤ」と読んだように、萱は植物の代名詞的存在。耐水性と保湿性に優れた素材なのである。

神宮の建築は、ギリシャのパルテノンに比すべき、すばらしいものである。天から降ってきたような、この建築は、日本国有文化の精髄であり、世界建築の王座である。

ブルーノ・タウト

ドイツの建築家が絶賛した神宮。生命科学と建築工学に裏付けされた、命の根を納める機能をもつ御殿は、神を祀るにふさわしい美をあわせもつ。その機能美が感動を生んだのであろう。

❖永遠の記憶装置

式年遷宮が二十年を周期に延々とつづいていく、祭が繰り返されていくということの形は、神宮のお祭という枠を超えるだけでなく、われわれ人間の有り様を教えているようにも思える。

人間の肉体は、不滅ではありえない。しかし、親がいて、子がいて、孫がいて、と形を変えながら、命が繋がって行く。肉体は不滅ではないが、生命はこの繰り返しによって永遠につづいていく。

繰り返しによる永遠性。

これは、日々の暮らしのなかにも息づいている。たとえば、家庭の味は母親が料理を作ってきたから、子供たちにも伝わってきた。正月の行事にしてもそうであろう。親から子へ、子から孫へ、その思いは伝わってきた。一般の家庭でも、先祖から受け継がれているものは多い。繰り返すことによって、過去と未来は繋がり続ける。

したがって、祖先が守り伝えてきた神道はことさら理論づけなくても、DNAにはしっかりと残っているし、日本人の記憶に刻まれている。

そのことを実地に見せてくれるのが、式年遷宮だといえるだろう。

生命や魂、あるいは神という存在は、目に見えない。口で言うだけではなかなか理解が難しい。

しかし、新しい御殿が建ち、旧い御殿から神様がお遷りになる。しかもそれは千三百年前とまったく同じように行なわれる。そのような祭を意識して、新旧の佇まいを見ることによって、過去と現在と未来とが繋がっているということが理解されてくる。

もともと日本人の人間観、人生観とはそうしたものである。つまり、自分が今ここに生きて在るのは祖先がいてくれたからであり、自分の在り方は未来の人々にいろいろな影響を及ぼしていくことになる、と感じていた。

新宮の千木(ちぎ)を組む

そのように、時と人は繋がっている、連鎖しているということを理解すれば、「未来にとんでもないものは残せない」「祖先や子孫のためにも悪いことはできない」という感情がごく自然に生まれ、身を慎み、徳を積み、よりよきものをもたらそうと努力するようになる。

逆に、誰もが自分の財産や地位や名誉を守ることだけを考えていたならば、この世界はすでに終わるか、光を失っていただろう。

たとえば、神宮の用材は先人たちが木を植え、営々と森に手を入れてきてくれたからこそ、今こうして使うことができる。逆に、もしわれわれの時代に木を植え育てることをしなかったら、未来はどうなるであろう。姿を変えているのか、あるいは存在しないかもしれない。

私は式年遷宮を「永遠の記憶装置」と言っている。

神話は民族の記憶装置である。神話に繋がる祭は魂の浄化装置であり、神話と同様に記憶を甦らせ、また保存する装置でもある。

二十年に一度の式年遷宮は、神聖なるものを大事にしてきた日本人の魂や精神性というものを発動させ、記憶するよい機会である。式年遷宮がつづく限り、日本人を日本人たらしめている価値観は、永遠に記憶され続けて行く。

言い換えれば、神に感謝し祖先に感謝して子孫の繁栄を祈りつつ、清く明るい心をもって一生懸命生きて行くならば、未来が面白くならないはずがない。

今、式年遷宮が行なわれる意義

日本の長い歴史のなかには、いろいろな困難な時代もあった。

しかし、日本人は二十年に一度の式年遷宮を行なうことによって、そこからエネルギーを得て、立派に乗り越えてきたともいえる。

たとえば、あの戦国時代においても、平安を祈る心は生きていた。織田信長は遷宮費を献納している。信長の後を継いだ豊臣秀吉は、戦乱で中断していた式年遷宮の再興を願い、天正十三年（一五八五）には両宮で第四十一回式年遷宮が行なわれた。

前述のとおり、戦後国民が疲弊しているときにも、人々が力を合わせ、宇治橋の掛け替えを契機に、遷宮が行なわれた。

式年遷宮は、日本の国が危機的な事態に直面したときに、日本人の心を一つにしてきたといえる。神を祭るとは調和の光を広めていくことであるから、式年遷宮を「国の大事」として心を一つに結集することによって、平和の礎を築いてきたと見ることもできると思う。

だから、これからもそうであると、私は確信している。

そう考えたとき、ニューヨークの同時多発テロや東日本大震災などを経た今、式年遷宮が行なわれることには深い意味があると思われてならない。

私は、「偶然」はないと考えている。すべては必然である。

私たち人間には、解明できるだけでも五千人分の遺伝子が組み込まれているという。そういう数多くの先祖の思いや行動の蓄積によって今、生かされている。

ということは、われわれがどう生きるかは、未来の人たちに大きな影響を与えることになる。それは未来の自分がどう生きるかということにも繋がる。

このことをしっかり認識すれば、今の自分を大事にしなくてはならないし、あらゆる存在に顔向けできないような生き方はけっしてできない。

神道の祭や文化は、まさに一貫して神を崇め、祖先を尊び、子孫の弥栄を願い続けるもの。人類が魂の向上や進化をつづけるうえでも、神と共に生きる道を外れることなく、先人の叡智と行動に感謝し、さらに学びを深めなくてはいけないと、改めて思う。

恒例祭典一覧

※神宮で一年間に行なわれる祭典。下段の説明は神宮の「恒例祭及び式」に基づく

一月一日	歳旦祭	新しい年のはじめをお祝いする。
一月三日	元始祭	天津日嗣（皇統）の元始をお祝いする。
一月七日	昭和天皇祭遙拝	先帝のおかくれになられた日、宮中皇霊殿で御親祭あらせられるにつき、神宮でも遙拝式を行なう。（内宮第一鳥居内祓所）
一月十一日	一月十一日御饌	神宮の両正宮をはじめ、諸宮社におまつりするすべての神々に、神饌をたてまつる。（内宮四丈殿）続いて舞楽が奏される。（五丈殿）
二月十一日	建国記念祭	国のはじめをお祝いし、今後の発展をお祈りする。
二月十七日から二十三日まで	祈年祭	「としごいのまつり」ともいい、五穀の豊かな稔をお祈りする。神饌をたてまつる大御饌の儀と、勅使が参向して奉仕される奉幣の儀の二つの祭典が行なわれる。
三月春分の日	御園祭	野菜、果実などの豊作をお祈りする。（神宮御園）
同日	春季皇霊祭遙拝	宮中皇霊殿で皇祖をおまつりになるに際して、神宮でも遙拝式を行なう。（内宮第一鳥居内祓所）
四月上旬	神田下種祭	神嘗祭をはじめ諸祭典にお供えする御料米の稲種を神田に下ろしたてまつる祭典。（神宮神田）

四月三日	神武天皇祭遙拝	神武天皇のおかくれの日、宮中の皇霊殿にて御親祭が行なわれるについて、神宮でも遙拝式を行なう。
五月一日	神御衣奉織始祭	神御衣祭附属の祭典で、皇大神宮および荒祭宮御料の和妙、荒妙を奉織するにあたって行なわれる。（松阪市　神服織機殿神社・神麻続機殿神社）
五月十三日	神御衣奉織鎮謝祭	神御衣の和妙、荒妙のうるわしく織り上がったことを感謝する。（同右）
五月十四日	風日祈祭	御幣、御蓑、御笠をたてまつり、風雨の災害なく、五穀の豊かな稔をお祈りする。
同日	神御衣祭	皇大神宮と荒祭宮に和妙、荒妙の二種の神御衣をたてまつる。
六月一日	御酒殿祭	月次祭の御料酒が、うるわしく醸造されるようお祈りする。（内宮御酒殿）
六月十五日	興玉神祭	月次祭奉仕にあたり、内宮御垣内西北隅に御鎮座の地主の神、興玉神をおまつりする。
同日	御卜	月次祭奉仕の神職が、奉仕直前に神の御心にかなうか、おうかがいする行事。（内宮中重）
六月十五日から二十五日まで	月次祭	由貴大御饌を午後十時、翌午前二時の二度たてまつり、ついで正午、奉幣の儀が行なわれる。引きつづき別宮以下諸宮社でも祭典が行なわれる。（内宮　六月十六日、十七日・外宮　六月十五日、十六日）
六月三十日	大祓	大祭の前月末日に、罪・けがれを祓う行事で、六月、十二月の末日には全職員の大祓が行

		なわれる。（内宮第一鳥居内祓所その他）
八月四日	風日祈祭	御幣をたてまつり、風雨の順調、五穀の豊穣をお祈りする。
九月上旬	抜穂祭	神田にて神嘗祭にたてまつる御料米の御稲穂を抜きまつる祭典。（神宮神田）
九月秋分の日	秋季皇霊祭遙拝	春分の日と同様に遙拝式が行なわれる。（内宮第一鳥居内祓所）
十月一日	御酒殿祭	六月の項と同じ。
同日	神御衣奉織始祭	五月の項と同じ。
十月五日	御塩殿祭	年中の諸祭典にお供えする御塩が、うるわしく奉製されるようにお祈りし、塩業に従事する人々の守護をお祈りする。（御塩殿神社）
十月十三日	神御衣奉織鎮謝祭	五月の項と同じ。
十月十四日	神御衣祭	五月の項と同じ。
十月十五日	興玉神祭	六月の項と同じ。
同日	御卜	六月の項と同じ。
十月十五日から	神嘗祭	その年の新穀を大神にたてまつり、御神徳に報謝申し上げる大祭。

二十五日まで		由貴夕（ゆうべの）大御饌　外宮　十五日午後十時　内宮　十六日午後十時 由貴朝（あしたの）大御饌　十六日午前二時　十七日午前二時 奉幣　十六日正午　十七日正午 御神楽（みかぐら）　十六日午後六時　十七日午後六時
十一月二十三日から二十九日まで	新嘗祭（にいなめさい）	新穀を陛下御自ら神々にたてまつられ、また御自らもお召し上がりになる大儀が宮中で行なわれるに際して、神宮にも勅使を差遣されて、奉幣の儀が行なわれる。それに先だって神饌をたてまつり大御饌祭を行なう。引きつづき別宮以下諸宮社でも祭典が行なわれる。
十二月一日	御酒殿祭	六月の項と同じ。
十二月十五日	興玉神祭	六月の項と同じ。
同日	御卜	六月の項と同じ。
十二月十五日から二十五日まで	月次祭	六月の項と同じ。
十二月二十三日	天長祭	天皇誕生日をお祝い申し上げる祭典が行なわれる。
十二月三十一日	大祓	六月の大祓と同様、一年後半期の罪・けがれをお祓いする。
毎日	日別朝夕大御饌祭（ひごとあさゆうおおみけさい）	年中、毎日朝夕の二度、外宮の御饌殿（みけでん）で、両正宮、同相殿神（どうあいどののかみ）および各別宮諸神に神饌をたてまつる。

第六十二回式年遷宮主要諸祭と行事の予定一覧

※印の祭典日時は天皇陛下の御治定を仰ぐ。

平成十七年五月二日	山口祭※	遷宮の御用材を伐る御杣山の山口に坐す神を祭り、伐採と搬出の安全を祈る。
平成十七年五月二日	木本祭※	御正殿の御床下に奉建する心御柱の御用材を伐採するにあたり、その木の本に坐す神を祭る。
平成十七年六月三日、五日	御杣始祭	御用材を木曽の御杣山で伐り始める祭。
平成十七年六月九日、十日	御樋代木奉曳式	御神体をお納めする「御樋代」の御用材を伊勢へ運ぶ儀式。
平成十七年九月十七日、十九日	御船代祭※	御樋代をお納めする「御船代」の御用材を伐採する祭。
平成十八年四月十二日、十三日	御木曳初式	御造営の御用材の搬入始め。そろいの衣装を着て旧神領民が木遣音頭も勇ましく奉仕する。役木曳ともいう。
平成十八年四月二十一日	木造始祭※	御造営の木取り作業を始めるにあたって、作業の安全を祈り御木に忌斧を打ち入れる祭。
平成十八年五月～七月	御木曳行事（第一次）	伊勢の旧神領民および全国の崇敬者により、御用材を古式のままに両宮域内に奉曳する。
平成十八年五月十七日	仮御樋代木伐採式	遷御のとき、御神体をお納めする仮御樋代と仮御船代の御用材を伐採するにあたり、木の本に坐す神をおまつりし、忌斧を入れる式。
平成十九年五月～七月	御木曳行事（第二次）	第一次と同様に内宮は五十鈴川を川曳し、外宮は御木曳車で陸曳する。

平成二十年四月二十五日	鎮地祭（ちんち）※	新宮の大宮地（おおみやどころ）に坐す神を鎮（しず）めまつる祭。
平成二十一年十一月三日	宇治橋渡始式（うじばしわたりはじめしき）	宇治橋を新しく架け替え、古式により渡り始めを行なう。
平成二十四年三月四日、六日	立柱祭（りっちゅう）※	御正殿の御柱（みはしら）を立てる祭。
平成二十四年三月四日、六日	御形祭（ごぎょう）	御正殿の東西の妻の束柱に御形（御鏡形（みかがみがた））をうがつ祭。立柱祭の日に行なわれる。
平成二十四年三月二十六日、二十八日	上棟祭（じょうとう）※	御正殿の棟木を揚げる祭。
平成二十四年五月二十三日、二十五日	檐付祭（のきつけ）	御正殿の御屋根の萱（かや）をふき始める祭。
平成二十四年七月二十一日、二十三日	甍祭（いらか）	御正殿の御屋根をふき終わり金物を打つ祭。
平成二十五年七月二十六日～九月一日	御白石持行事（おしらいしもち）	新宮の御敷地（みしきち）に敷きつめる「御白石」を伊勢の市民はじめ、全国からの特別神領民が奉献する盛大な行事。
平成二十五年九月十三日、十五日	御戸祭	御正殿の御扉を造りまつる祭。
平成二十五年九月十七日、十九日	御船代（みふなしろ）奉納式	御神体をお鎮めする御船代を造りまつり御正殿に奉献する式。
平成二十五年九月二十四日、二十六日	洗清（あらいきよめ）	竣工した新宮のすべてを洗い清める式。
平成二十五年九月二十五日、二十七日	心御柱（しんのみはしら）奉建	御正殿中央の床下に心御柱を奉建する。

平成二十五年九月二十八日、二十九日	杵築祭※	新宮の御柱の根元を白杖で突き、御敷地を固める祭。
平成二十五年十月一日、四日	後鎮祭※	新宮の竣工をよろこび、平安に守護あらんことを大宮地に坐す神に祈る祭。
平成二十五年十月一日、四日	御装束神宝読合	新調された御装束神宝を新宮に納めるにあたり照合する式。
平成二十五年十月一日、四日	川原大祓	御装束神宝をはじめ遷御に奉仕する祭主以下を川原の祓所で祓い清める式。
平成二十五年十月二日、五日	御飾	調進された御装束で新殿を装飾し、遷御のご準備をする式。
平成二十五年十月二日、五日	遷御※	御神体を新宮に遷しまつる祭。天皇陛下が斎行の月日をお定めになる。
平成二十五年十月三日、六日	大御饌	遷御の翌日、新宮で初めての大御饌をたてまつる祭。
平成二十五年十月三日、六日	奉幣※	遷御の翌日、新宮の大御前に勅使が幣帛をたてまつる祭。
平成二十五年十月三日、六日	古物渡	遷御の翌日、古殿に奉献してあった神宝類を新宮に移しまつる式。
平成二十五年十月三日、六日	御神楽御饌	遷御の翌日の夕、御神楽に先だち、大御饌をたてまつる祭。
平成二十五年十月三日、六日	御神楽※	新宮の四丈殿にて勅使および祭主以下参列のもと、宮内庁楽師十二員により御神楽と秘曲が奉奏される。

★読者のみなさまにお願い

この本をお読みになって、どんな感想をお持ちでしょうか。祥伝社のホームページから書評をお送りいただけたら、ありがたく存じます。今後の企画の参考にさせていただきます。また、次ページの原稿用紙を切り取り、左記編集部まで郵送していただいても結構です。

お寄せいただいた「100字書評」は、ご了解のうえ新聞・雑誌などを通じて紹介させていただくこともあります。採用の場合は、特製図書カードを差しあげます。

なお、ご記入いただいたお名前、ご住所、ご連絡先等は、書評紹介の事前了解、謝礼のお届け以外の目的で利用することはありません。また、それらの情報を6カ月を超えて保管することもありません。

〒101−8701（お手紙は郵便番号だけで届きます）
祥伝社　書籍出版部　編集長　岡部康彦
電話03（3265）1084
祥伝社ブックレビュー　http://www.shodensha.co.jp/bookreview/

◎本書の購買動機

＿＿＿＿新聞の広告を見て	＿＿＿＿誌の広告を見て	＿＿＿＿新聞の書評を見て	＿＿＿＿誌の書評を見て	書店で見かけて	知人のすすめで

◎今後、新刊情報等のパソコンメール配信を　　希望する　・　しない
（配信を希望される方は下欄にアドレスをご記入ください）

@

※携帯電話のアドレスには対応しておりません

100字書評

常若の思想

住所

名前

年齢

職業

常若の思想
—伊勢神宮と日本人

平成25年9月20日　初版第1刷発行

著　者　河合真如
発行者　竹内和芳
発行所　祥伝社
〒101-8701
東京都千代田区神田神保町3-3
☎03(3265)2081(販売部)
☎03(3265)1084(編集部)
☎03(3265)3622(業務部)

印　刷　堀内印刷
製　本　ナショナル製本

ISBN978-4-396-61466-9　C0095　Printed in Japan
祥伝社のホームページ・http://www.shodensha.co.jp/